Paris
1829

SPINDLER, C.

L'Elexir du diable

Histoire tirée des papier du frère Médard, capucin

Tome 1

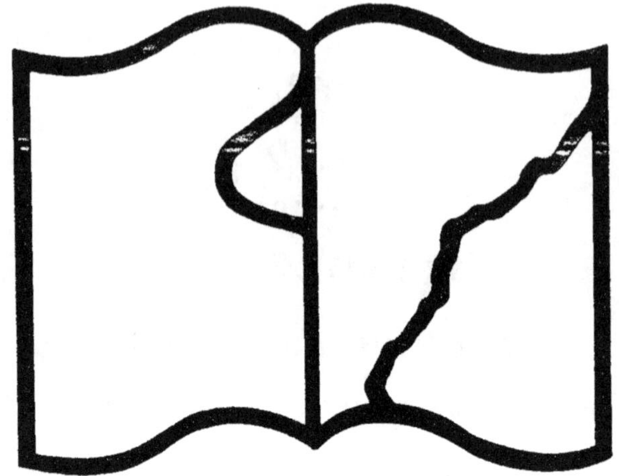

Symbole applicable
pour tout, ou partie
des documents microfilmés

Texte détérioré — reliure défectueuse

NF Z 43-120-11

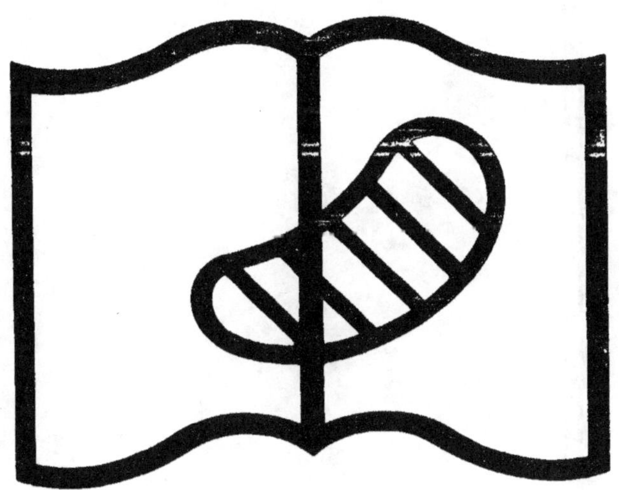

Symbole applicable
pour tout, ou partie
des documents microfilmés

Original illisible

NF Z 43-120-10

L'ÉLIXIR DU DIABLE.

PARIS. — IMPRIMERIE DE COSSON,
rue Saint-Germain-des-Prés, n° 9.

L'ÉLIXIR
DU DIABLE,

Histoire tirée des papiers

DU FRÈRE MÉDARD, CAPUCIN,

PUBLIÉE

PAR C. SPINDLER,

ET TRADUITE DE L'ALLEMAND

PAR JEAN COHEN.

TOME PREMIER.

PARIS,
MAME ET DELAUNAY-VALLÉE, LIBRAIRES,
RUE GUÉNÉGAUD, N° 25.
1829.

L'ELIXIR

DU DIABLE.

CHAPITRE PREMIER.

Je n'ai jamais pu apprendre de ma mère l'état que mon père occupait dans le monde. En attendant, si je réunis toutes les circonstances qu'elle m'a racontées dès ma plus tendre jeunesse et dont j'ai conservé un souvenir exact, je ne puis douter qu'il n'ait été doué de profondes connaissances et d'une grande habitude des hommes. Ces mêmes circonstances jointes à quelques expressions qui lui échappaient de temps à autre et qui se rapportaient aux événemens de sa jeunesse, mais dont le vrai sens ne m'a été dévoilé que plus tard, m'apprirent que mes parens, après avoir joui d'une grande aisance, étaient tombés dans une extrême pauvreté, tandis que mon père, que l'esprit malin avait, à son entrée dans le monde, entraîné dans un crime affreux, éclairé vers la fin de ses jours sur le péché mortel qu'il avait commis, s'était décidé à faire un pèlerinage au Tilleul-Sacré, monastère situé en Prusse, pays fort éloigné du lieu de notre demeure.

Ce fut pendant notre long et pénible voyage que ma mère, mariée depuis plusieurs années, sentit pour la première fois que son union ne serait point stérile, ainsi que mon père l'avait craint; celui-ci, malgré le mauvais état de sa fortune, se réjouit fort de cette espérance : car elle accomplissait un songe dans lequel saint Bernard lui était apparu et lui avait promis que son péché lui serait remis par la naissance d'un fils. Mon père tomba malade peu de temps après notre arrivée au Tilleul-Sacré, et comme il ne voulut point interrompre les pénibles pénitences qui lui avaient été prescrites, son état empira de jour en jour, et il mourut enfin consolé et reconcilié avec le ciel, à l'instant même où ma mère me mettait au monde.

Mes premiers souvenirs présentent à mon esprit les douces images du monastère et de la magnifique église du Tilleul-Sacré. Je crois être encore dans la forêt touffue, entouré du gazon vert et épais et des fleurs qui me servaient de berceau. Pas un reptile venimeux, pas un insecte nuisible n'habite la sainte demeure du religieux. Ni le bourdonnement des mouches, ni le chant du grillon ne vient interrompre le silence solennel dans lequel ne retentissent d'autres sons que les hymmes des prêtres, qui, accompagnés de nombreux pèlerins, agitent des encensoirs d'or dans de longues et superbes processions. Je crois voir encore au milieu de l'église le tronc couvert d'argent du Tilleul, dans les branches duquel des anges vinrent déposer le portrait miraculeux de la Mère de Dieu. Il me semble que les anges et les saints peints ou sculptés sur les murs et le dôme de l'église me sourient encore. Les récits que ma mère m'a fait de ce couvent merveilleux, où sa profonde douleur trouva de pieuses consolations, se sont tellement identifiés avec moi-même, que je m'imagine avoir tout vu, tout entendu, quoiqu'il soit impossible que ma mémoire s'étende jusque là, car je n'avais qu'un an et demi quand ma mère quitta ce saint lieu.

C'est ainsi que je ne puis bannir de

mon cœur la conviction que, me trouvant un jour seul dans l'église, j'y ai vu l'étrange figure d'un homme grave et sévère ; et que cet homme était précisément le peintre étranger qui bien long-temps auparavant, et au moment où l'église venait d'être achevée, s'y était présenté parlant une langue que personne ne comprenait, et qui, avec un talent merveilleux et en fort peu de temps, avait fait toutes les peintures dont l'édifice était décoré, puis avait disparu tout à coup sans demander son salaire.

C'est ainsi que je crois me rappeler encore un vieux pèlerin dont le costume était fort singulier et qui avait une longue barbe blanche. Il me portait souvent dans ses bras, cherchait dans le bois des fleurs et des cailloux pour m'amuser et jouait avec moi. Il est cependant fort probable que son image ne s'est dépeinte avec tant de vivacité à mon esprit que par les fréquentes descriptions que ma mère m'en a faites. Un jour il emmena avec lui un enfant d'une beauté extraordinaire et qui était du même âge que moi : nous étions assis sur le gazon où nous nous caressions et nous nous embrassions. Je lui donnais tous mes jolis cailloux et il les rangeait par terre en toutes sortes de figures, mais qui finissaient toujours par offrir la forme d'une croix. Ma mère était assise auprès de nous sur un banc de pierre, et le vieux pèlerin, debout derrière elle, contemplait avec une douce satisfaction nos jeux enfantins. Tout à coup quelques jeunes gens sortirent du taillis. Leur costume et leur maintien indiquaient qu'un simple motif de curiosité les avait attirés au Tilleul-Sacré. Un d'eux en nous voyant s'écria :

« Voyez donc! une sainte famille!

Voilà un tableau pour mon porte-feuille ! »

Il tira en effet du papier et un crayon de sa poche, et se préparait à dessiner quand le pèlerin leva la tête et s'écria courroucé :

« Fade railleur, tu prétends être un artiste, et ton sein n'a jamais brûlé du feu de la Foi et de la Charité. Aussi tes ouvrages seront-ils froids et morts comme toi-même. Livré à la solitude tu te désespéras et tu périras par ta propre nullité ! »

Les jeunes gens s'éloignèrent, étourdis de ce discours, et le vieux pèlerin dit à ma mère :

« Je vous avais amené un enfant merveilleux afin qu'il allumât dans le sein de votre fils le feu de la Charité ; mais il faut que je vous le retire de nouveau, et, selon toutes les apparences, vous ne nous reverrez plus ni l'un ni l'autre. Votre fils a reçu du ciel plusieurs dons précieux, mais le péché de son père bout dans ses veines. Il peut pourtant encore devenir un vaillant champion de la foi. Consacrez-le à l'église. »

Toutes les fois que ma mère parlait de cette aventure elle répétait que les paroles du pèlerin avaient fait sur elle une impression ineffaçable et qu'elle ne pouvait expliquer. Elle résolut pourtant de ne gêner en rien mon inclination, et d'attendre tranquillement ce que le sort déciderait à mon égard et la direction qu'il donnerait à mon esprit, vu que, dans sa position, elle n'avait aucun moyen de faciliter le développement de mes dispositions naturelles.

Des souvenirs plus nets et dont je suis aussi plus certain, datent de l'époque où ma mère, en retournant chez elle, s'arrêta dans un couvent de religieuses de l'ordre de saint Bernard, dont la supérieure, née princesse de l'empire, avait connue mon père et la reçut avec bonté. Depuis l'aventure du vieux pèlerin, dont j'ai réellement conservé un souvenir que ma mère n'a fait que compléter en me rappelant ses discours et ceux du jeune homme, jusqu'au jour où je fus pour la première fois présenté par ma mère à madame la supérieure, il y a un vide dont ma mémoire ne garde pas la plus légère trace. Je n'en retrouve qu'au moment où, prêt à partir pour le couvent, ma mère s'efforçait de donner à ma modeste toilette une apparence un peu plus distinguée. Elle avait acheté à la ville des rubans neufs; elle me coupa les cheveux jusqu'alors négligés; elle me para du mieux qu'elle put, et m'exhorta à me conduire avec calme et sagesse en présence de madame l'abbesse. A la fin, me prenant par la main, elle monta avec moi le grand escalier de pierre et entra dans un appartement élevé, à plafond cintré et orné de tableaux tirés de l'histoire sainte. Ce fut là que nous trouvâmes la princesse. Je vis une femme grande, majestueuse, et à qui le costume de son ordre donnait un air de dignité qui imprimait un respect involontaire. Elle me regarda d'un œil qui semblait vouloir pénétrer jusqu'au fond de mon âme, et dit à ma mère :

« Est-ce là votre fils ? »

Sa voix, son maintien, les personnes étrangères dont j'étais environné, l'appartement élevé, les tableaux, tout se réunit pour faire sur moi une impression d'effroi qui me fit fondre en larmes. Sur quoi la princesse après m'avoir regardé d'un air plus doux et plus bienveillant, ajouta :

« Qu'as-tu donc, mon enfant? As-tu peur de moi?.... Comment s'appelle votre fils, ma chère dame? »

« François, » répondit ma mère.

« François! » répéta la supérieure du ton de la plus profonde mélancolie, et me soulevant dans ses bras, elle me serra fortement contre sa poitrine; mais au même moment j'éprouvai une douleur si vive au cou que je poussai un grand cri. La princesse effrayée me lâcha, et ma mère, honteuse et affligée de ma conduite, accourut vers moi pour m'emmener. La supérieure ne voulut point le permettre, et mes cris continuant, on examina mon cou et l'on découvrit que la croix de diamans que la princesse portait sur sa poitrine m'avait blessé si fort que la place en était toute rouge et pleine de sang extravasé.

« Pauvre François! dit l'abbesse, je

t'ai fait mal, mais il faut que nous redevenions bons amis. »

Une des sœurs apporta des confitures avec du vin de liqueur. Devenu déjà plus hardi, je ne me fis pas long-temps prier pour en accepter, et je mangeai avidement les sucreries que l'aimable dame, qui s'était rassise et m'avait pris sur ses genoux, me mettait elle-même dans la bouche. A peine eus-je goûté de ce breuvage sucré que je ne connaissais point encore, que l'on vit revenir ma gaieté, cette vivacité particulière qui, au dire de ma mère, m'avait distingué depuis les premiers jours de mon existence. Je me mis à rire et à babiller à la grande satisfaction de l'abbesse et des sœurs qui étaient restées dans l'appartement. Je ne ne saurais encore m'expliquer le motif que ma mère put avoir pour m'engager à faire à la princesse la description des belles choses que j'avais vues dans le lieu de ma naissance. En attendant, je décrivis les beaux tableaux du peintre étranger avec une éloquence fort au-dessus de mon âge et comme si j'avais été inspiré par quelque puissance d'un ordre supérieur. Je racontai les magnifiques légendes des saints comme si j'avais été profondément versé dans tous les écrits de l'église. La princesse et ma mère elle-même me regardaient avec une surprise extrême ; mais plus je parlais, plus mon enthousiasme augmentait, et la princesse m'ayant enfin demandé d'où me venait tant de connaissances, je répondis sans balancer que le bel et merveilleux enfant qu'un pèlerin étranger m'avait un jour amené, m'avait expliqué tous les tableaux de l'église, avait peint lui-même pour moi des images en pierres de couleur, m'en avait fait connaître le sens, et m'avait en outre raconté un grand nombre de saintes histoires.

Cependant les vêpres sonnèrent. La sœur avait rempli de bonbons un cornet qu'elle me donna et que je pris avec grand plaisir. L'abbesse se leva et dit à ma mère :

« Je regarde dès aujourd'hui votre fils comme mon élève, ma chère dame, et je le prends sous ma protection. »

Ma mère ne savait comment exprimer sa reconnaissance. Elle baisait, en pleurant, les mains de la princesse. Nous étions au moment de nous éloigner quand la princesse nous suivit, me prit encore une fois dans ses bras et me pressa contre son sein, après avoir soigneusement mis sa croix de côté. Elle arrosa mon front de larmes en disant :

« François!... sois toujours sage et vertueux! »

J'étais ému jusqu'au fond du cœur, je pleurais malgré moi et sans savoir pourquoi.

CHAPITRE II.

Grace à la protection de l'abbesse, la maison de ma mère, qui occupait une petite ferme dans les environs de l'abbaye, prit une meilleure apparence. Nous retrouvâmes de l'aisance, on m'habilla plus décemment, et je jouis des instructions du curé de qui je servais la messe toutes les fois qu'il la disait dans l'église du couvent.

Il me semble que je suis encore livré au plus doux songe quand je me rappelle cet heureux temps de ma jeunesse. Les foyers maternels sont pour moi un pays délicieux qu'habitent la joie et la gaieté sans nuage de l'innocente enfance; mais quand je jette les yeux en arrière, je vois l'abîme sans fond qui m'en sépare pour jamais. Rempli des plus ardens désirs, je m'efforce de plus en plus de reconnaître les personnes chéries que je vois marcher de l'autre côté, éclairées de la lumière douce et pourprée de l'aurore, et dont je crois pouvoir distinguer les voix harmonieuses. Hélas! y a-t-il donc un abîme par-dessus lequel l'amour avec ses fortes ailes ne peut s'élancer? Qu'est-ce que l'espace, qu'est-ce que le temps pour l'amour? N'existe-t-il pas par la pensée et la pensée connaît-elle des limites ? Mais de sombres images s'élèvent autour de moi, elles m'environnent, leur cercle se resserre de plus en plus, elles me cachent la perspective et remplissent mon esprit des souffrances présentes, au point que le désir qui naguère me faisait éprouver la plus douce mélancolie, devient pour moi la source d'une peine effroyable et mortelle.

Le curé était la bonté même ; il savait captiver mon esprit trop vif et mesurer si bien ses instructions d'après mon caractère que j'y trouvais du plaisir et que je fis sous ses yeux de rapides progrès. J'aimais ma mère par-dessus tout et je respectais l'abbesse comme une sainte : le jour où il m'était permis de la voir était toujours pour moi un jour de fête. Chaque fois je prenais la résolution de faire briller devant elle les connaissances que je venais d'acquérir ;

mais aussitôt qu'elle paraissait et qu'elle me souriait avec son amabilité accoutumée, je ne trouvais plus un mot à dire et je ne pouvais que la regarder et l'écouter. Chacune de ses paroles pénétrait jusque dans mon âme. Pendant tout le reste de la journée j'éprouvais un bien-être inexprimable et solennel, et son image m'accompagnait dans mes promenades. Il me serait impossible de décrire la sensation que j'éprouvais lorsque je me trouvais devant l'autel, l'encensoir à la main, et qu'au milieu des riches tons de l'orgue, je reconnaissais dans l'hymne sa voix qui, semblable à un rayon céleste, pénétrait dans mon âme, et lui donnait un pressentiment du bonheur suprême de l'éternelle sainteté.

Mais le plus beau jour de l'année, celui dont l'approche me réjouissait plusieurs semaines d'avance, et auquel je ne puis encore penser sans une vive émotion, c'était la fête de saint Bernard. Cette fête étant celle du patron du couvent se célébrait avec une solennité toute particulière, et des indulgences étaient accordées à tous ceux qui venaient y assister. Dès la veille une foule innombrable de personnes arrivaient de la ville voisine et de tous les pays des environs; elles campaient sur la vaste pelouse fleurie qui s'étendait jusqu'à la porte du couvent, de sorte que le joyeux tumulte ne cessait pas même pendant la nuit. Je ne me rappelle pas que jamais le temps ait été défavorable à cette fête, qui tombe du reste dans le plus beau mois de l'année, le 19 août. Là se voyaient à la fois de pieux pèlerins chantant des hymmes, de jeunes paysans se promenant gaiement avec les filles du village, des ecclésiastiques marchant les bras croisés et les yeux fixés sur le ciel, des ménages de la ville tirant des provisions de leurs paniers et prenant leur repas assis en cercle sur le gazon. Des chansons joyeuses, des psaumes, les soupirs des pénitens, le gros rire de l'innocence, des plaintes, des accens de gaieté, des plaisanteries, des prières remplissaient les airs d'un concert étrange et assourdissant. Mais aussitôt que la cloche du couvent commence à sonner, le bruit cesse tout-à-coup. Aussi loin que la vue peut s'étendre on n'aperçoit plus que des personnes à genoux, et le murmure de la prière interrompt seul le silence solennel. Le dernier coup a retenti, et à l'instant chacun se relève et le tumulte recommence.

L'évêque, qui résidait dans la ville voisine, venait lui-même le jour de la St-Bernard au couvent, pour y célébrer la messe avec les ecclésiastiques de sa cathédrale. Il amenait avec lui sa chapelle, qui était placée sur une tribune élevée à cet effet, à côté du maître-autel, et recouverte de riches tapisseries. Les émotions qui agitaient alors mon âme n'ont rien perdu de leur force; je les sens toutes renaître quand je me reporte à ce temps heureux qui s'est écoulé, hélas! avec trop de promptitude; je me rappelle particulièrement un *Gloria* qui se chantait souvent, parce que la princesse aimait ce morceau par-dessus tout autre. Quand l'évêque l'avait entonné, et que le chœur entier chantait ensuite à pleine voix *Gloria in excelsis Deo*, il me semblait que la gloire des cieux s'ouvrait sur l'autel, que par un miracle divin les chérubins et les séraphins en peinture prenaient du mouvement, étendaient leurs ailes, et planaient sur nous en faisant retentir les louanges de Dieu dans un chant et une musique célestes. Absorbé dans ma rêverie, il me semblait que des nuages éclatans me portaient vers le lieu de ma naissance, que je me retrouvais dans la forêt fleurie, et que le merveilleux enfant, sortant des bosquets de lis et de roses, s'approchait de moi, et me disait en souriant : Où es-tu donc resté si long-temps, François? Viens, j'ai beaucoup de jolies fleurs que je te donnerai toutes si tu veux rester auprès de moi et m'aimer toujours.

Après la messe, les religieuses, ayant à leur tête l'abbesse coiffée de la mitre, et la crosse d'argent à la main, faisaient une procession solennelle dans les cloîtres de l'abbaye et dans l'église. Quelle piété, quelle dignité, quelle grandeur plus que terrestre brillaient dans chaque regard, guidaient chaque mouvement de cette femme incomparable! c'était l'église triomphante elle-même qui promettait à la foule des fidèles le salut et la bénédiction. Quand ses yeux tombaient par hasard sur moi, j'étais prêt à me jeter dans la poussière devant elle.

L'office terminé, les ecclésiastiques, ainsi que les musiciens de la chapelle de l'évêque, se mettaient à table dans une grande salle du couvent. Divers amis de la maison, des prêtres et des marchands de la ville prenaient part au festin, et le directeur de la musique de monseigneur, m'ayant pris en affection, j'obtenais aussi la permission de m'y asseoir. Si mon âme, remplie d'une sainte piété, s'était jusqu'à ce moment élevée au-dessus des choses de la terre, je retombais alors dans des pensées moins sublimes, et je me livrais tout entier aux plaisirs de la vie. Des contes plaisans, des railleries, des bons mots égayaient le repas qu'arrosaient d'amples libations, jusqu'à ce que le jour tombât, et que les voitures arrivassent pour ramener les convives chez eux.

Je venais d'achever ma seizième année, quand le curé déclara que j'étais suffisamment préparé pour pouvoir commencer les hautes études théologiques dans le séminaire de la ville voisine. Je m'étais déclaré en faveur de l'état ecclésiastique, et cette résolution avait rempli de joie le cœur de ma mère, car elle expliquait et accomplissait les mystérieuses prédictions des pèlerins qui paraissaient avoir quelque rapport avec le songe remarquable de mon père, dont on ne m'avait jamais fait part. Il semblait à ma mère que ma décision effaçait le péché de mon père, et sauvait son âme des horreurs d'une condamnation éternelle. La princesse aussi, que je ne pouvais plus voir qu'au parloir, approuva fortement mon projet, et me réitéra la promesse de me soutenir de toute son influence pour me faire obtenir une dignité ecclésiastique. Quoique la ville fût siuée si près du couvent, que l'on voyait distinctement ses clochers, et que de bons marcheurs se rendaient souvent à pied aux environs délicieux de l'abbaye, comme à un but de promenade, ce ne fut pourtant pas sans peine que je me séparai de ma mère, de la respectable dame qui m'inspirait une si profonde vénération, et de mon bon curé. Du moment où il faut quitter les personnes que l'on aime, qu'importe le plus ou moins de distance qui nous en sépare? La princesse montra une émotion extraordinaire en me faisant ses adieux; d'une voix tremblante elle prononça quelques mots de consolation et d'exhortation; elle me fit présent d'un beau chapelet et d'un petit livre de prières, orné d'images enluminées; elle y ajouta une lettre de recommandation au prieur du couvent des capucins, et elle m'engagea à me rendre auprès de lui aussitôt que je serais arrivé à la ville, parce qu'il ne manquerait pas de me protéger avec zèle, tant par ses conseils que par ses démarches.

CHAPITRE III.

Il serait difficile d'imaginer un site plus agréable que celui du couvent des capucins. Du magnifique jardin qui s'étendait jusqu'aux portes de la ville, on jouissait d'une vaste perspective bornée par une chaîne de montagnes; toutes les fois que j'en parcourais les longues allées, j'y trouvais de nouvelles beautés. Ce fut dans ce jardin que je vis pour la première fois le prieur Léonard, quand je vins au couvent pour lui remettre la lettre de recommandation que l'abbesse m'avait donnée pour lui. L'amabilité naturelle du prieur devint plus remarquable encore, après qu'il eut achevé la ecture de cette lettre, et il me dit tant de bien de madame l'abbesse, qu'il avait connue autrefois à Rome, que l'attachement qu'il témoignait pour elle m'inspira dès le premier moment le plus grand respect pour lui. Il était entouré de ses religieux, et il suffisait d'un coup d'œil pour reconnaître le genre de ses relations avec eux, l'ordre et la manière de vivre du couvent. Le calme et la douce gaieté d'esprit du prieur se lisaient sur son visage, et se répandaient sur tous les frères. On ne voyait nulle part ces traces de mécontentement et d'inimitié, rendues plus insurmontables par l'effet de la réclusion, et qui ne se rencontrent que trop souvent dans les autres monastères. Malgré la sévérité de la règle, les pratiques de dévotion du prieur Léonard paraissaient plutôt dictées par le besoin d'une âme tournée tout entière vers le ciel, que par la nécessité de vaincre le penchant de la nature humaine au péché; et il savait si bien inspirer aux frères cet esprit de véritable dévotion, que ce qu'ils faisaient pour satisfaire à la règle, ils l'accomplissaient avec une gaieté et une franchise qui montraient qu'ils s'étaient formé une existence supérieure aux choses de la terre.

En attendant, le père Léonard avait su d'un autre côté procurer à ses religieux une sorte de liaison avec les hommes qui ne pouvait que leur être avantageuse. De riches dons que le couvent recevait de toutes parts lui donnaient le moyen d'accueillir dans certains jours de l'année au réfectoire les personnes qui lui voulaient du bien. On y dressait pour lors une longue table à la tête de laquelle le père Léonard se plaçait avec les convives. Les frères, assis aux tables étroites rangées le long du mur, mangeaient des simples mets que permettait la règle, tandis que les étrangers étaient servis proprement en porcelaine et en cristal. Le cuisinier du couvent avait un talent particulier pour apprêter le maigre, et les convives trouvaient sa cuisine excellente. Ils apportaient eux-mêmes leur vin. Cet arrangement faisait des repas du couvent des capucins d'amicales et d'agréables réunions de solitaires et de mondains qui avaient une influence mutuellement favorable sur leur manière d'être respective. Car les personnes préoccupées des affaires et des intérêts du monde, en fréquentant des lieux où la vie se montrait sous un aspect si différent de la leur, ne pouvaient manquer de sentir dans leur âme quelques étincelles de lumière qui leur apprenaient que le repos et le bonheur pouvaient se rencontrer sur une autre route que celle qu'elles suivaient ; je dis plus, elles devaient reconnaître que l'esprit en s'élevant au-dessus de la terre peut obtenir dès cette vie une idée du bonheur éternel. D'un autre côté, les moines obtenaient par ces liaisons de l'expérience et de la sagesse : car les réflexions qu'elles leur faisaient faire sur ce qui se passait dans le monde excitaient en eux des méditations utiles et profondes. Sans attacher aux choses terrestres une valeur purement imaginaire, ils avouaient, en considérant les différentes manières de vivre des hommes, que ce brisement des rayons du principe spirituel était indispensable pour donner aux objets de la couleur et de l'éclat.

Le père Léonard s'élevait au-dessus

de tous les autres par les qualités de l'esprit tant naturelles qu'acquises ; indépendamment de ses connaissances profondes en théologie, qui faisaient que les professeurs du séminaire venaient souvent le consulter et s'instruire par sa conversation, il avait un usage du monde bien supérieur à celui que l'on s'attend à trouver chez un ecclésiastique régulier. Il parlait avec élégance et facilité le français et l'italien, ce qui l'avait fait employer autrefois à des missions importantes. Quoique déjà fort âgé quand je le vis pour la première fois, et ses cheveux blancs ne permettaient pas d'en douter, il avait encore dans ses yeux tout le feu de la jeunesse, et l'aimable sourire qui animait ses lèvres ajoutait à l'expression de calme et de satisfaction intérieure qui régnait sur sa physionomie. La même grâce qui ornait ses discours se montrait aussi dans ses mouvemens, et le costume même de son ordre cadrait merveilleusement, dans sa simplicité, avec les belles formes de son corps.

Il n'y avait pas un seul d'entre les frères qui n'eût été attiré dans le couvent par un choix entièrement libre ou même par un besoin né de la tendance de son esprit; mais quand même un malheureux y fût venu chercher un asile contre la destruction, le père Léonard l'eût bientôt consolé; sa pénitence n'eût été pour lui qu'un passage conduisant au repos, et reconcilié avec le monde, sans craindre ses mépris, il se fût bientôt élevé au-dessus de ce monde. Le père Léonard avait recueilli ces tendances particulières de la vie de couvent en Italie, où le culte, ainsi que tout ce qui a rapport à la vie religieuse, a plus de gaieté que dans l'Allemagne catholique. De même que l'architecture des églises y a conservé les belles formes antiques, il paraît aussi qu'un rayon de ces temps si brillans s'y est introduit dans la mystique gravité de la religion chrétienne et l'a environnée d'une partie de l'éclat qui couronnait autrefois les dieux et les héros.

Je plus au père Léonard; il daigna m'apprendre les langues étrangères; mais ce fut surtout aux ouvrages nombreux qu'il me mit dans les mains, ainsi qu'à ses entretiens instructifs, que je dus la culture de mon esprit. Je passais dans le couvent des capucins presque tout le temps dont mes études au séminaire me permettaient de disposer, et je sentais augmenter de jour en jour mon goût pour la retraite. J'ouvris mon cœur au prieur, qui, sans chercher à me détourner de mon projet, me conseilla d'attendre encore une couple d'années, et pendant ce temps de vivre un peu plus que je ne l'avais encore fait dans le monde. Je ne manquais pas de connaissances ; le maître de chapelle de l'évêque , qui me donnait des leçons de musique, m'en avait procurées; mais je me sentais si embarrassé dans la société, et surtout dans celle des femmes, que cette sensation, jointe à mon inclination pour la vie contemplative, me semblait décisive en faveur de ma vocation pour le couvent.

Un jour le prieur m'avait dit les choses les plus remarquables au sujet de la vie profane. Il avait pénétré dans les matières les plus délicates ; mais selon son usage , il les avait traitées avec une légèreté et un agrément d'expression qui, en évitant tout ce qui pouvait choquer, savait néanmoins faire entendre complétement ce qu'il voulait. Me prenant enfin la main et me regardant fixement dans les yeux, il me demanda si j'étais encore innocent.

Je rougis, car au moment où il me

faisait cette question, une image se présenta tout à coup avec une vivacité extraordinaire à ma mémoire d'où elle avait été long-temps bannie. Le maître de chapelle avait une sœur qui, sans être absolument belle, se trouvait dans la fleur de la jeunesse et pouvait passer pour une jeune personne fort agréable. Elle était surtout parfaitement bien faite. Rien ne pouvait égaler la beauté de ses bras et de sa poitrine, tant pour la forme que pour la blancheur. Un matin, comme je me rendais chez son frère pour prendre ma leçon de musique, je l'avais surprise dans le plus grand négligé, la gorge découverte. Quoiqu'elle se hâtât de jeter sur elle un fichu, mes regards avides n'en avaient que trop vu. Des sensations encore inconnues s'élevèrent dans mon sein; je tremblais, mon cœur et mon pouls se mirent à battre avec violence. Mon sein était oppressé, et je ne respirai qu'après avoir laissé échapper un léger soupir. La jeune fille, qui était fort innocente, s'approcha de moi, me prit la main, me demanda ce que j'avais, ce qui ne fit qu'augmenter mon embarras. Heureusement le maître de chapelle entra dans ce moment, et me délivra de ma peine; mais je ne crois pas avoir de ma vie pris des accords plus faux ou chanté plus mal.

Ma piété était si grande que je ne doutai pas que cette aventure n'eût été une tentation que le démon m'avait offerte, et je me félicitai en moi-même d'avoir chassé l'ennemi à l'aide des exercices spirituels auxquels je m'étais livré. Mais à la question captieuse du prieur, toute cette dangereuse scène se représenta de nouveau à mon imagination. Tout ce que j'avais vu, tout ce que j'avais senti se peignit en traits de feu à mon esprit, et mon inquiétude devint extrême. Le père Léonard me regarda avec un sourire ironique qui me fit frissonner. Il me devint impossible de supporter son regard; je baissai les yeux; le prieur me donna pour lors une petite tape sur mes joues brûlantes, et me dit :

« Je vois, mon fils, que vous m'avez compris, et que vous n'avez encore rien à vous reprocher. Que le Seigneur vous préserve des séductions du monde! Les plaisirs qu'il procure sont de courte durée, et l'on ne saurait méconnaître qu'une malédiction les accompagne : car le dégoût inexprimable, l'affaiblissement total, l'inaptitude à tout ce qu'il y a de grand qu'ils causent, détruisent dans les hommes le principe spirituel qui les anime. »

Quelques efforts que je fisse pour oublier la question du prieur et le souvenir qu'elle avait fait naître en mon esprit, je ne pus y parvenir, et lorsqu'enfin j'eus réussi à montrer mon ancienne tranquillité en présence de cette jeune fille, je craignis plus que jamais sa vue : car la seule pensée me causait un serrement de cœur, une inquiétude qui me parut d'autant plus dangereuse qu'il s'y joignait des désirs étranges et inexplicables qui ne pouvaient manquer d'être coupables. A la fin cette position équivoque prit une tournure décisive.

Le maître de chapelle m'avait invité un soir, ainsi qu'il lui arrivait souvent, à assister à un petit concert pour lequel il réunissait chez lui quelques amis. Plusieurs femmes s'y trouverent indépendamment de sa sœur, et cette circonstance ne fit qu'augmenter mon embarras. En attendant, la jeune personne me parut ce soir-là plus belle que jamais; elle était mise avec plus de soin qu'à l'ordinaire, et je me sentais entraîné vers elle par une puissance à la fois invisible et irrésistible. Aussi je trouvai moyen, sans m'en apercevoir moi-même, de me placer toujours dans son voisinage; je guettais chacun de ses regards, chacune de ses paroles; je m'approchai même d'elle à tel point qu'à chaque mouvement qu'elle faisait sa robe me touchait et me causait une sensation de bonheur que je n'avais jamais encore éprouvée. Elle avait l'air de remarquer mon trouble et d'y prendre plaisir, et quand je l'observais cela me mettait tellement hors de moi-même, que j'étais parfois tenté de la serrer dans mes bras en présence de toute la société.

Il y avait déjà quelque temps qu'elle était assise près du clavecin, quand elle se leva et laissa un de ses gants sur sa chaise. Je m'en emparai sur-le-champ, et dans ma folie je le pressai contre mes lèvres. Une des femmes de la compagnie s'en aperçut, et s'étant approchée de la sœur du maître de chapelle, elle lui dit quelques mots à l'oreille, après quoi elles me regardèrent toutes deux et se mirent à rire d'un air moqueur.

J'étais anéanti; tout mon sang se glaça dans mes veines. Je quittai à l'instant même l'appartement et courus tout hors de moi au séminaire. Arrivé dans ma cellule, je me jetai sur le carreau dans le plus affreux désespoir; des larmes brûlantes coulaient de mes yeux; je maudissais la jeune fille, je me maudissais moi-même; puis je me mettais à prier, puis encore je riais comme un insensé. De tous côtés j'entendais des voix qui me raillaient, qui se moquaient de moi. Je voulus me jeter par ma fenêtre ; heureusement les barreaux dont elle était garnie m'en empêchèrent. Mon état était réellement affreux. Ce ne fut que vers le point du jour que je retrouvai un peu de calme ; mais je pris en même temps la ferme résolution de ne plus revoir cette jeune personne et de renoncer le plus tôt possible au monde. Je me sentais plus que jamais convaincu de ma vocation pour le couvent, et je ne voulais pas qu'aucune séduction m'en tînt plus long-temps éloigné.

En conséquence, aussitôt que je pus me débarrasser des classes, je courus au couvent des capucins, où je déclarai au prieur que j'étais décidé à commencer sans plus de retard mon noviciat et que j'en avais déjà donné connaissance à ma mère ainsi qu'à la princesse. Le père Léonard parut surpris de mon zèle inopiné, et, sans trop me presser, il chercha néanmoins à découvrir ce qui avait pu hâter ainsi ma résolution : car il avait trop de connaissance des hommes pour ne pas voir que j'avais été poussé par quelque circonstance particulière. Une honte secrète qu'il me fut impossible de vaincre m'empêcha de lui découvrir la vérité; mais je m'étendis avec tout le feu de l'enthousiasme sur les merveilleux événemens de mon enfance, qui tous semblaient indiquer que j'étais destiné à la vie du cloître.

Le père Léonard m'écoûta tranquillement, et quoiqu'il n'exprimât aucun doute sur la réalité de mes visions, il ne parut pas y attacher une grande importance; il observa même que ma vocation pouvait bien n'être qu'une illusion comme le reste. En général, le père Léonard n'aimait pas beaucoup à parler des visions des saints, et il y avait des momens où j'étais porté à l'accuser de pyrrhonisme. Une fois j'avais voulu le forcer à s'expliquer d'une manière positive au sujet de ceux qui attaquent la religion catholique, et en particulier de ceux qui, avec un orgueil puéril, taxent de superstition la croyance à tout ce qui échappe aux sens.

« Croyez-moi, mon fils, répondit le prieur en souriant, l'incrédulité est la pire des superstitions. »

Et sur-le-champ il se mit à parler de choses indifférentes.

Ce ne fut que long-temps après qu'il me fut permis de connaître ses idées sublimes sur la partie dogmatique de notre religion, qui renferme la liaison mystérieuse de notre principe spirituel avec des êtres d'un ordre supérieur, et je fus alors forcé de convenir qu'il faisait bien de garder ces pensées plus qu'humaines pour la plus haute initiation de ses élèves.

Ma mère m'écrivit qu'elle était depuis long-temps convaincue que l'état séculier ne me conviendrait pas et que je choisirais la retraite; que le vieux pèlerin du Tilleul-Sacré lui était apparu le jour de Saint-Médard et lui avait présenté son fils vêtu d'une robe de capucin. La princesse approuva aussi pleinement ma résolution. Je les vis encore une fois l'une et l'autre avant de prendre l'habit, ce qui ne tarda pas, attendu que, d'après mes instantes prières, on m'avait dispensé de la moitié du noviciat. La vision qu'avait eue ma mère fut cause que je pris le nom de frère Médard.

Je trouvai les relations des frères entre eux et toute l'organisation intérieure du couvent, en ce qui avait rapport aux exercices de piété, telles que je les avais jugées au premier aspect. La douce tranquillité qui régnait autour de moi répandit une céleste paix dans mon âme : c'était la réalisation de ce songe bienheureux dont me berçaient depuis ma plus tendre enfance les souvenirs du Tilleul-Sacré. Pendant la cérémonie de ma prise d'habit, j'aperçus parmi les spectateurs la sœur du maître de chapelle ; elle me parut triste, et je crus voir des larmes dans ses yeux ; mais le jour de la tentation était passé, et ce fut peut-être le coupable orgueil que m'inspirait la facilité de ma victoire qui donna lieu au sourire qui se peignit sur mes lèvres.

« De quoi te réjouis-tu si fort, mon frère ? » demanda le frère Cyrille qui marchait à mes côtés.

« Ne dois-je pas me réjouir quand je renonce au monde pervers et à ses vanités ? » répondis-je ; et cependant je ne puis nier que, tout en parlant ainsi, un sentiment pénible remplit soudain mon cœur et démentit ma bouche.

Mais ce fut là la dernière atteinte d'égoïsme que j'éprouvai; elle fut suivie d'un entier repos d'esprit. Plût au ciel que ce repos ne m'eût jamais quitté! Mais le pouvoir de l'ennemi est grand. Qui peut se fier à la force de ses armes ou à sa prévoyance quand les puissances infernales le guettent?

CHAPITRE IV.

Il y avait cinq ans que j'habitais le couvent quand le frère Cyrille, que l'âge commençait à affaiblir, reçut du prieur l'ordre de me remettre la garde du riche reliquaire de la communauté. Cette chambre renfermait des ossemens de toute espèce, des morceaux de la vraie croix, et d'autres objets sacrés renfermés soigneusement dans des armoires vitrées, et qu'à certains jours solennels on exposait à la vénération des fidèles. Le frère Cyrille me montra chaque relique en particulier et me fit voir en même temps les divers documens qui en attestaient l'identité et certifiaient les miracles opérés par elle. Ce frère n'était pas moins éclairé que le prieur; aussi ne fis-je aucune difficulté de lui confier les sentimens que ses récits excitaient dans mon cœur.

« Croyez-vous donc, mon cher frère Cyrille, lui dis-je, que ces objets soient réellement ceux pour lesquels on les donne? L'avidité intéressée n'aurait-elle pas trouvé moyen de faire passer de fausses reliques pour de vraies? Ainsi, par exemple, on m'a assuré qu'il y a certain couvent qui possède tout entière la croix de notre Sauveur, et cependant les morceaux qu'on en montre dans une foule d'endroits suffiraient, à ce que j'ai entendu dire en plaisantant à l'un d'entre nous, pour chauffer nos cloîtres pendant une année entière. »

« Il ne nous convient pas, à la vérité, répondit le frère Cyrille, de soumettre ces choses à une pareille investigation. Cependant, je veux bien avouer franchement qu'en dépit des attestations les plus authentiques, je crois qu'il y a peu de ces objets qui soient réellement ce que l'on prétend. Mais j'ajouterai que je ne vois pas la différence que cela peut faire. Si tu fais bien attention, mon cher frère Médard, à ce que notre prieur et moi nous pensons à cet égard, tu verras que notre sainte religion en acquiert une nouvelle gloire. N'est-ce pas une chose merveilleuse, mon cher frère Médard, de voir notre église s'efforcer en toute occasion de saisir le fil qui lie les objets corporels avec les spirituels; d'exciter nos organes, formés pour une vie et une existence terrestres, de manière à nous mettre sans cesse devant les yeux le principe spirituel auquel nous devons notre origine; son rapport avec l'être puissant dont le souffle anime toute la nature, et à renforcer en nous le pressentiment d'une meilleure vie, dont nous portons en nous le germe? Ce sont là, nous dit-on, les restes des corps ou des vêtemens des saints; mais le fidèle qui, sans rien examiner, ajoute une pleine foi à cette assurance, ne tarde pas à arriver à cet enthousiasme surnaturel qui ouvre pour lui le royaume du ciel dont il n'avait eu ici-bas qu'un sentiment confus. Par ce moyen l'influence du saint, que la relique, même prétendue, avait aidé à réveiller, devient réelle, et l'homme reçoit la force et la foi de cet esprit supérieur auquel il avait dans le fond de son âme demandé du secours et de la consolation. Cette force peut aller parfois jusqu'à lui faire surmonter les souffrances du corps, et de là vient que ces reliques opèrent souvent des miracles en présence du peuple rassemblé, et dont il est impossible de nier la réalité. »

Je me rappelai sur-le-champ certaines expressions du prieur qui se rapportaient parfaitement avec ce que le frère Cyrille venait de me dire, et je considérai d'après cela ces reliques, que je n'avais regardé jusque-là que comme des hochets pieux, avec une attention et un respect véritables.

L'effet que son discours avait fait sur moi n'échappa point au frère Cyrille, et il continua avec un redoublement de zèle et de conviction à m'expliquer pièce par pièce toute la collection. A la fin, il tira d'une armoire bien fermée une petite cassette et me dit :

« Voici, mon cher frère Médard, la relique la plus merveilleuse que notre cloître possède. Depuis que j'habite le couvent, personne n'a jamais touché cette cassette que le père prieur et moi. Les autres frères, et à plus forte raison les étrangers, ignorent jusqu'à l'existence de cette relique. Je ne puis porter la main sur cette cassette sans éprouver un frémissement secret. Il me semble qu'elle renferme un charme dangereux qui, si jamais il parvenait à briser la prison qui le retient, répandrait autour de lui la ruine et la destruction. L'objet contenu dans cette cassette vient directement de l'ennemi du genre humain, et remonte à l'époque où il lui était encore permis de combattre les hommes sous une forme visible. »

Je regardai le frère Cyrille avec un étonnement extrême. Il continua sans me laisser le temps de rien dire.

« Je m'abstreindrai, mon cher frère Médard, d'exprimer, dans une affaire aussi mystérieuse, la moindre opinion, ou de te faire part d'aucune des hypothèses que j'ai pu former à son sujet; je me bornerai à te communiquer fidèlement ce que les documens que nous possédons nous disent à l'égard de cette relique. Ces documens se trouvent dans cette armoire, et tu pourras les consulter à ton aise. Tu connais la vie de saint Antoine, tu sais que, pour s'éloigner des choses de la terre et se consacrer entièrement à celles du ciel, il s'était rendu dans le désert où il passait sa vie dans les exercices de pitié et dans les pénitences les plus rudes. Le démon le poursuivit, et se présenta souvent à lui pour le troubler dans ses pieuses méditations. Or, il arriva qu'un soir, vers la fin du crépuscule, saint Antoine vit venir à lui une figure sombre. Quand elle se fut approchée, il observa avec surprise des gouleaux de bouteilles se montrer sous les trous de son manteau déchiré. C'était le démon qui, sous cet étrange costume, lui sourit d'un air railleur, et lui demanda s'il n'avait pas envie de goûter de quelqu'un des élixirs qu'il portait dans ses bouteilles. Saint Antoine qui savait que le démon n'avait plus de puissance sur lui, et que, n'osant pas le combattre ouvertement, il était obligé de se borner à des discours moqueurs, lui demanda à son tour pourquoi il portait sur lui tant de bouteilles et d'une manière si singulière. A quoi le démon lui répondit : Quand un homme me rencontre, il me regarde avec surprise et ne peut s'empêcher de me demander à boire, parce qu'il éprouve tout à coup un grand désir de goûter de ce que je porte avec moi. Parmi tant d'élixirs il s'en trouve toujours quelqu'un dont le goût lui plaît; il vide alors la bouteille, s'enivre et s'abandonne à moi et à mon royaume. Voilà, continua le frère Cyrille, ce que l'on trouve dans toutes les légendes, mais d'après le document particulier que nous possédons au sujet de cette vision de saint Antoine, le démon, en se retirant, posa quelques-unes de ses bouteilles sur le gazon, et saint Antoine s'empressa de les prendre et de les cacher dans sa caverne, de peur que, même dans le désert, quelque malheureux égaré, ou peut-être un de ses disciples, ne goûtât de ce breuvage dangereux et ne tombât dans un malheur éternel. Le document ajoute que saint Antoine ayant ouvert une fois par hasard une de ces bouteilles, il en sortit une vapeur étrange et enivrante, que d'horribles images de l'enfer entourèrent le saint et essayèrent de le séduire par d'agréables illusions, et qu'il ne parvint à les chasser que par des jeûnes assidus. Dans cette cassette se trouve une de ces bouteilles, et les documens sont si précis et si authentiques qu'il est impossible de douter que du moins cette bouteille, telle qu'elle est, ne se soit trouvée parmi les effets que saint Antoine a laissés après sa mort dans sa caverne. Pour le reste, je puis t'assurer, mon cher frère Médard, que toutes les fois que je touche cette bouteille ou seulement la cassette dans laquelle elle est renfermée, j'éprouve un effroi intérieur et inexplicable, et qu'il me semble même sentir une odeur étrange qui m'étourdit et qui me trouble l'esprit au point de m'empêcher d'accorder à mes exercices de piété toute l'attention qu'ils exigent. En attendant, je surmonte cette disposition qui, si elle ne provient pas de l'action directe du démon, est causée sans nul doute par l'influence de quelque puissance ennemie, à l'aide de prières persévérantes. Quant à toi, mon cher frère Médard, tu es encore si jeune, on imagination est si vive, ton courage ardent, mais privé d'expérience, te porterait si facilement à risquer l'impossible, par une trop grande confiance dans tes forces, que, par toutes ces raisons, je ne te conseille de n'ouvrir cette cassette que quand l'âge aura mûri ta raison, et en attendant, de peur que la curiosité ne t'induise en tentation, de la tenir aussi éloignée que possible de tes regards. »

Le frère Cyrille renferma de nouveau la mystérieuse cassette dans l'armoire, et me remit le trousseau de clefs, au nombre desquelles se trouvait aussi celle qui ouvrait cette armoire. Ce secret avait fait sur moi une impression extraordinaire; mais, plus je sentais s'élever en moi un désir secret de contempler la merveilleuse relique, plus je me rappelais l'avis du frère Cyrille et je m'efforçais d'en éloigner la pensée. Quand ce frère m'eut quitté j'examinai encore unè fois les saints objets dont la garde venait de m'être confiée, après quoi j'enlevai la dangereuse clef du trousseau et je la cachai au fond de mon pupitre et sous tous mes papiers.

Au nombre des professeurs du séminaire il s'en trouvait un qui était doué à un fort haut degré du talent de la parole, et chaque fois qu'il devait prêcher, l'église avait peine à contenir les fidèles qui y affluaient. Le torrent enflammé de son éloquence entraînait tout avec lui, et allumait dans tous les cœurs le feu de la piété. Ses discours ne manquèrent pas leur effet sur moi, et tout en l'écoutant je croyais sentir au dedans de moi une force qui me poussait vivement à l'imiter. Toutes les fois que je l'entendais, je me mettais à prêcher aussitôt que j'étais rentré dans ma cellule, et je m'abandonnais à l'enthousiasme du moment jusqu'à ce que je parvinsse à fixer mes idées et mes paroles et à les mettre sur le papier.

En attendant, le frère qui avait coutùme de prêcher dans le couvent s'affaiblissait de jour en jour; ses discours coulaient uniformément comme un ruisseau à moitié desséché; la diffusion, suite naturelle du manque d'idées et de paroles, car il n'écrivait rien d'avance, rendait ses sermons d'une longueur si insupportable, que la plus grande partie de la communauté s'endormait longtemps avant la fin, comme elle l'aurait fait au tictac mesuré d'un moulin, et ne se réveillait qu'au son de l'orgue.

Hormis le prieur Léonard, qui était fort éloquent, mais à qui son âge avancé ne permettait pas de se livrer aux vives émotions que la prédication lui causait, il n'y avait personne dans le couvent qui fût en état de remplacer notre prédicateur ordinaire. Le prieur se plaignit à moi de cette fâcheuse circonstance, qui empêchait beaucoup de personnes pieuses du dehors de fréquenter notre église. Je pris donc courage et je lui dis que pendant que j'étais encore au séminaire, je m'étais déjà senti de grandes dispositions pour parler en public et que j'avais même mis par écrit plusieurs discours pieux. Il demanda à les voir, et en fut si content qu'il m'engagea à faire sur-le-champ un essai en prêchant à la première fête, ajoutant que je devais d'autant moins craindre d'échouer, que la nature m'avait doué de tout ce qui est nécessaire pour bien parler dans la chaire, c'est à dire d'une taille noble, d'une figure expressive et d'un organe pur et timbré. Le prieur m'offrit de me donner lui-même des leçons de tenue et de gestes.

La fête arriva; l'église était plus pleine

que d'ordinaire, et je montai en chaire, non sans éprouver une secrète inquiétude. En commençant je demeurai fidèle à mon manuscrit, et le père Léonard me dit plus tard que j'avais parlé d'une voix tremblante; mais cette voix s'accordait assez avec les réflexions pieuses et mélancoliques par lesquelles mon discours s'ouvrait, et la plupart de mes auditeurs crurent y voir un artifice oratoire. Bientôt cependant des étincelles d'un enthousiasme céleste enflammèrent mon sein; je ne songeai plus à mon manuscrit et je m'abandonnai entièrement à l'inspiration du moment. Je sentais mon sang pétiller dans mes veines, j'entendais ma voix tonner sous les voûtes, je voyais ma tête élevée, mes bras étendus entourés de l'auréole de l'enthousiasme. Je terminai mon discours par un court passage dans lequel je trouvai moyen de renfermer l'esprit de tout ce que je venais de proclamer de saint et de sublime. L'effet de mon sermon fut extraordinaire, sans exemple. Des torrens de larmes, des exclamations d'une pieuse joie, des prières retentissaient de toutes parts. Les religieux m'accablèrent de louanges; le père Léonard m'embrassa et m'appela l'honneur de son couvent. Ma réputation ne tarda pas à s'étendre au loin, et les habitans les plus distingués de la ville arrivaient en foule et long-temps avant l'heure des offices, dans notre petite église, pour entendre prêcher le frère Médard.

Mon zèle augmentait avec l'admiration que j'inspirais, et je m'efforçais de plus en plus de donner à mes discours toute la perfection dont ils étaient susceptibles. Je réussis à captiver chaque jour davantage mes auditeurs, et bientôt les honneurs que l'on me rendait partout où j'allais ressemblèrent presque à ceux que l'on offre aux saints. Un délire religieux s'empara de la ville, dont les habitans ne négligèrent aucune occasion de venir au couvent, même pendant les jours ouvrables, pour voir le frère Médard ou pour lui parler.

Cette espèce d'extravagance fit naître tout à coup en moi la pensée que j'étais un élu du ciel. Les circonstances mystérieuses qui avaient accompagné ma naissance dans le saint lieu où mon père s'était rendu pour expier son péché ; les événemens extraordinaires de mon enfance, tout semblait indiquer que mon âme, en liaison immédiate avec le ciel, s'élevait dès cette vie au-dessus de la terre. Je me persuadai que je n'appartenais point au monde ou aux hommes, et que je ne me trouvais parmi eux que pour travailler à leur salut et à leur consolation. Je ne doutai pas que le vieux pèlerin du Tilleul-Sacré n'eût été saint Joseph et l'enfant merveilleux qu'il m'avait amené l'enfant Jésus lui-même, qui tous deux étaient venus saluer le saint destiné à marcher sur la terre.

Mais à mesure que ces idées se présentaient avec plus de clarté à mon esprit, les objets qui m'entouraient me devenaient de plus en plus pénibles et fatigans. Ce repos et cette gaieté d'esprit dont je jouissais m'avaient abandonné. Les expressions pleines de franchise des frères, l'amitié du prieur n'excitaient en mon cœur que des sentimens de haine. Je prétendais qu'ils reconnussent en moi le saint, élevé à une grande hauteur au-dessus d'eux, qu'ils s'abaissassent devant moi dans la poussière et implorassent mon intercession auprès du trône de Dieu. Mais comme ils ne le faisaient pas, je les regardais comme livrés à un endurcissement qui les conduiraient infailliblement à leur perte. Je trouvais moyen, jusque dans mes sermons, de faire certaines allusions dans lesquelles je donnais à entendre qu'un temps miraculeux était arrivé, semblable à une brillante aurore, dans lequel un élu de Dieu était descendu sur la terre pour apporter la consolation et le salut à ceux qui croiraient en lui. J'enveloppais ma mission imaginaire sous des tableaux mystiques qui agissaient avec d'autant plus de force sur l'esprit de la foule qu'ils en étaient moins compris. Le père Léonard devenait visiblement plus froid à mon égard ; il évitait de me parler sans témoins ; mais pourtant un jour que le hasard avait éloigné les autres frères, se trouvant seul avec moi dans les allées du jardin du couvent, il me dit :

« Je ne saurais te cacher, mon cher frère Médard, que ta conduite me déplaît fort depuis quelque temps. Il est entré dans ton âme des sentimens qui te rendent contraire à la simplicité de la vie religieuse. Dans tes discours règne une obscurité hostile qui semble cacher des idées qui nous éloigneraient à jamais l'un de l'autre..... Je veux te parler à cœur ouvert. Tu portes en ce moment la peine du péché de notre origine qui, toutes les fois que notre esprit veut user de ses forces pour s'élever au-dessus de lui-même, nous entraîne à notre perte. Les éloges, l'espèce d'idolâtrie que t'a témoignée un monde léger qui ne recherche que des sensations, t'ont aveuglé, et tu te vois toi-même sous une forme qui ne t'appartient pas, et dont l'illusion te poussera dans l'abîme. Rentre en toi-même, Médard, sors du délire qui t'égare. Je crois te connaître ; déjà tu as perdu le calme de la conscience, sans lequel il n'y a point de bonheur ici-bas. Ecoute mon avis, fuis l'ennemi qui te poursuit. Redeviens ce jeune homme bon et loyal que j'ai aimé de toute mon âme. »

Des larmes coulèrent à ces mots des yeux du prieur. Il avait pris ma main; mais, la quittant tout à coup, il s'éloigna rapidement sans attendre ma réponse. En attendant, ces paroles n'avaient excité dans mon cœur que des sentimens de haine. Il avait parlé de mes succès, de l'admiration que j'avais excitée par le talent extraordinaire que j'avais reçu de la nature, et il me parut évident qu'une basse envie avait pu seule faire naître en lui ce mécontentement qu'il avouait avec tant de franchise. Je demeurais depuis ce moment muet et réservé dans les assemblées des religieux; et, entièrement rempli de la nouvelle existence qui s'était développée en moi, je passais mes jours et jusqu'à mes nuits, que le sommeil abandonnait, à réfléchir au moyen d'exprimer par les paroles les plus pompeuses les idées qui ne cessaient de naître en mon esprit. Plus je m'éloignais du père Léonard et des religieux, plus j'attachais à moi la foule par les liens les plus forts.

Le jour de saint Antoine, l'église fut si pleine que l'on se vit obligé d'ouvrir toutes les portes, afin que les personnes qui n'avaient pu y pénétrer pussent au moins, du dehors, entendre à la dérobée quelques-unes de mes paroles. Jamais je n'avais parlé avec plus de force, plus de feu, plus de persuasion. Je racontai, selon l'usage, plusieurs traits de la vie du saint, et j'y joignis des réflexions pieuses qui pénétrèrent jusqu'à l'âme de mes auditeurs. Je parlai des séductions du démon et du grand pouvoir que lui avait donné la chute de nos premiers pères, et la suite de mon discours m'amena involontairement à citer la légende des élixirs que j'avais l'intention de représenter comme une allégorie pleine de sens. Tout à coup mes regards qui erraient autour de l'église tombèrent de côté sur un homme long et maigre, qui monté sur un banc, s'appuyait contre un pilier. Il portait un manteau d'une couleur violette foncée, dont il s'était enveloppé d'une manière étrange et sous lequel ses bras demeuraient cachés. Son visage était d'une pâleur mortelle; mais le regard de ses grands yeux noirs et à fleur de tête, me perça le sein comme d'un coup de poignard enflammé. Je fus saisi immédiatement d'une sensation d'effroi, et, détournant les yeux, je rassemblai toutes mes forces pour continuer mon discours. Mais j'étais entraîné comme par un pouvoir magique; il ramenait sans cesse mes regards sur cet homme qui demeurait toujours immobile au même endroit, ses yeux de fantôme imperturbablement fixés sur moi. Un amer dédain, une haine méprisante se lisaient sur ses sourcils froncés, sur sa bouche relevée. Toute sa figure avait quelque chose d'effrayant, de terrible !... Le dirai-je? c'était celle du peintre inconnu du Tilleul-Sacré. Je crus en le voyant que des mains glacées se posaient sur mon cou; une sueur froide découla de mon front; j'étais interdit; je ne pouvais plus arrondir une phrase; mon discours devenait de plus en plus confus. Un murmure s'éleva dans l'église; je remarquai des chuchotemens; mais le terrible étranger restait toujours immobile appuyé contre son pilier et le regard fixé sur moi. Tout à coup, égaré par l'inquiétude et le désespoir, je m'écriai :

« Infâme! retire-toi!... retire-toi, te dis-je! car c'est moi-même, c'est moi qui suis saint Antoine! »

Quand je sortis de l'espèce d'anéantissement dans lequel j'étais tombé après avoir proféré ces paroles, je me trouvai sur mon lit. Le frère Cyrille était à mes côtés; il me soignaît et me consolait. L'image effrayante de l'inconnu me poursuivait encore; mais plus le frère Cyrille s'efforçait de me persuader que ce n'était qu'un fantôme de mon imagination exaltée par le feu de mon discours, plus j'éprouvais un affreux mélange de honte et de regret de la conduite que j'avais tenue en chaire. J'appris plus tard que les auditeurs étaient sortis convaincus que j'avais été pris d'un accès soudain de folie, et ma dernière exclamation ne justifiait que trop cette idée.

Je me livrais à une profonde douleur; mon esprit était abattu. Renfermé dans ma cellule, je me soumettais aux pénitences les plus rudes, et je cherchais dans de ferventes prières la force nécessaire pour combattre le tentateur, qui avait osé m'apparaître dans le lieu saint et emprunter la figure du pieux peintre du Tilleul-Sacré.

En attendant, personne n'avait vu l'étranger au manteau violet, et le père Léonard, avec sa bienveillance habituelle, répandit dans le public que j'avais été subitement attaqué d'une fièvre chaude. J'étais réellement malade, et ce ne fut qu'au bout de plusieurs semaines que je fus en état de reprendre le train de vie ordinaire du couvent. J'essayai pourtant, quoique faible encore, de remonter en chaire; mais rempli d'une inquiétude secrète, et toujours poursuivi par cette horrible figure pâle, j'eus de la peine à mettre un peu de liaison dans mes sermons, et ils n'offrirent plus rien de cette éloquence qui les avait autrefois distingués. Ils étaient communs, roides, incohérens. Les auditeurs déplorèrent la perte de mon talent ; ils cessèrent peu à peu de fréquenter l'église, et le vieux frère que j'avais remplacé et qui prêchait encore beaucoup mieux que moi, fut obligé de reprendre ses anciennes fonctions.

CHAPITRE V.

Il arriva un jour qu'un jeune comte, que son gouverneur accompagnait dans ses voyages, arriva dans notre couvent et demanda à voir les diverses curiosités qu'il renfermait. J'ouvris la salle des reliques et nous y entrâmes. En ce moment le prieur qui était venu jusque là avec nous ayant été appelé au dehors, je demeurai seul avec les étrangers. J'avais montré et expliqué tous les objets que cette salle renfermait, quand les regards du comte tombèrent par hasard sur l'armoire antique et richement sculptée dans laquelle se conservait la cassette avec l'élixir du diable. Je fis d'abord quelques difficultés pour leur dire ce qui se trouvait dans cette armoire; mais le jeune seigneur et son gouverneur me pressèrent l'un et l'autre si vivement, que je finis par leur raconter la légende de saint Antoine avec le démon rusé. Je répétai fidèlement tout ce que le frère Cyrille m'avait dit au sujet de la bouteille que nous gardions comme une relique précieuse, et j'ajoutai même les avertissemens qu'il m'avait donnés sur le danger qu'il y aurait à ouvrir seulement la cassette. Quoique le comte professât notre religion, il ne parut pas plus que son gouverneur ajouter une grande foi à la vérité des saintes légendes. Ils se livrèrent tous deux à une foule d'observations spirituelles et de railleries sur la singularité du démon qui portait ces bouteilles séductrices sous son manteau. A la fin pourtant, le gouverneur prit un air plus sérieux et dit :

« Ne vous scandalisez pas de grâce, mon père, des discours un peu légers de nous autres mondains. Soyez persuadé que M. le comte et moi nous honorons les saints comme des hommes pleins du plus noble enthousiasme pour la religion, qui ont su renoncer, pour le salut de leur âme et pour celui des hommes, à tous les plaisirs de la vie et souvent à la vie elle-même ; mais quant à des histoires du genre de celle que vous venez de nous raconter, je crois que ce ne sont que de spirituelles allégories imaginées par ces mêmes saints, et que, par un malentendu, on a regardées comme des faits réels. »

En parlant ainsi le gouverneur avait ouvert avec promptitude le couvercle à coulisse de la cassette et en avait tiré la bouteille qui était noire et d'une forme singulière. Il se répandit vraiment dans la chambre, ainsi que le frère Cyrille m'en avait prévenu, une odeur forte, mais qui était plutôt agréable que suffocante.

« Je gage, dit le comte, que cet élixir du diable n'est autre chose que d'excellent vin de Syracuse. »

« Bien certainement, reprit le gouverneur, et si cette bouteille vient en effet de la succession de saint Antoine, vous êtes, mon père, plus heureux que le roi de Naples, qui a été privé de la satisfaction de goûter d'ancien vin romain, par la mauvaise habitude que ce peuple avait adoptée de ne point boucher son vin et de ne le conserver qu'en y versant une couche d'huile. Celui-ci n'est pas, à la vérité, aussi ancien que l'aurait été celui d'Herculanum; mais, tel qu'il est, je ne crois pas qu'il en existe de plus vieux, et je vous conseillerais bien d'après cela de ne pas laisser à d'autres la satisfaction de connaître à fond les vertus de cette relique. »

« Je suis sûr, observa le comte, que ce vieux vin de Syracuse répandrait de nouvelles forces dans vos veines, et dissiperait jusqu'aux dernières traces de votre indisposition, mon père. »

Le gouverneur tira de sa poche un tire-bouchon d'acier et ouvrit la bouteille en dépit de mes remontrances. Au moment où le bouchon partit, je crus voir sortir une petite flamme bleue qui s'éteignit sur-le-champ. L'odeur devint beaucoup plus forte et se répandit dans toute la chambre. Le gouverneur goûta le premier du vin et s'écria :

« C'est, comme je l'avais dit, d'excellent vin de Syracuse ! Il faut convenir que la cave de saint Antoine n'était pas mal fournie, et si le diable était son fournisseur, le saint n'a pas eu autant à se plaindre de lui qu'on le prétend. Goûtez-en, monsieur le comte. »

Le comte en but et confirma ce que son gouverneur venait de dire. Ils plaisantèrent de nouveau l'un et l'autre sur cette relique, qui était selon eux la plus belle de toute la collection ; ils souhaitèrent d'avoir toute une cave pleine de reliques pareilles, etc. J'écoutais tout cela sans rien dire et les yeux baissés. La gaieté des étrangers avait pour moi, dans la tristesse à laquelle j'étais livré, quelque chose de pénible. Ce fut inutilement qu'ils me pressèrent de goûter à mon tour du vin de saint Antoine. Je m'y refusai avec fermeté, et après avoir soigneusement rebouché la bouteille je la renfermai de nouveau dans la cassette et dans l'armoire.

Les étrangers quittèrent le couvent; mais quand je me retrouvai seul dans ma cellule, je ne pus m'empêcher de reconnaître que j'éprouvais un certain bien-être, une certaine gaieté plus grands que de coutume. Il était évident que le parfum seul du vin m'avait redonné des forces. Je ne sentis pas la moindre trace des funestes effets dont le frère Cyrille m'avait parlé, mais, au contraire, l'influence la plus bienfaisante. Plus je réfléchissais à la légende de saint Antoine, plus les paroles du gouverneur s'imprimaient dans mon esprit, plus je me persuadais que l'explication qu'il en avait donnée était la seule véritable, et soudain je me rappelai que dans ce malheureux jour où une vision hostile avait si cruellement interrompu mon sermon, j'avais été sur le point d'expliquer cette histoire de la même manière. Cette pensée, qui me frappa comme un coup de foudre, se joignit à une autre qui ne tarda pas à me remplir au point de me faire oublier tout le reste.

Ne serait-il pas possible, pensai-je, que ce breuvage miraculeux rendît à mon esprit sa première vigueur et rallumât dans mon âme une flamme éteinte? N'ai-je pas déjà éprouvé la sympathie qui existe entre mon esprit et les qualités de ce vin, puisque les vapeurs qui ont étourdi le faible Cyrille ont agi sur moi d'une façon si bienfaisante?

Après ces réflexions, je me sentis presque décidé à suivre les conseils des étrangers; mais un sentiment intérieur et inexplicable me retenait malgré moi.

Au moment d'ouvrir l'armoire je crus voir dans les moulures du bois la terrible figure du peintre avec ses yeux perçans moitié vivans et moitié morts, et saisi d'une frayeur surnaturelle je sortis à la hâte de la salle des reliques pour aller au pied des autels pleurer mon indiscrétion.

En attendant j'étais de plus en plus poursuivi par la pensée que le vin miraculeux était seul en état de rendre à mon esprit son éclat et sa vivacité. La conduite du prieur et celle des moines, qui, me regardant comme un homme de qui la raison était affaiblie, me traitaient avec des égards avilissans, me mettait au désespoir, et le père Léonard m'ayant même dispensé des exercices ordinaires, afin de me donner le temps de reprendre des forces, je résolus, pendant une cruelle insomnie, et déchiré par une douleur profonde, de risquer, s'il le fallait, mon existence, et de recouvrer l'esprit que j'avais perdu ou de périr dans l'entreprise.

Je quittai mon lit, et, tenant à la main ma lampe, que j'allumai au cierge qui brûlait devant la petite image de la Vierge dans le corridor, je me glissai comme un fantôme à travers l'église et jusqu'à la salle des reliques. Eclairées par la lumière vacillante de ma lampe, les saintes statues de l'église me parurent avoir du mouvement; elles eurent l'air de jeter sur moi des regards de pitié. Je crus entendre dans les gémissemens de la tempête, qui pénétraient dans le chœur par les fenêtres délabrées, des voix plaintives qui m'avertissaient du danger que je courais; je crus même reconnaître dans le nombre celle de ma mère qui me disait : Mon fils Médard, que fais-tu? Renonce à ta coupable entreprise.

Quand j'entrai dans la salle des reliques, une tranquillité profonde y régnait. J'ouvris l'armoire, je m'emparai de la cassette, de la bouteille, et, au bout d'un instant, j'avais bu une gorgée assez forte du vin qu'elle contenait. Un feu coula dans mes veines et me remplit d'une sensation de bien-être impossible à décrire. Je bus encore une fois et je crus me sentir animé d'une nouvelle vie. Je me hâtai de renfermer dans l'armoire la cassette vide, et, revenu dans ma cellule avec la bienfaisante bouteille sous ma robe, je me mis à mon bureau.

Le premier objet sur lequel je mis la main fut la petite clef que, pour éviter jusqu'à la tentation, j'avais autrefois détachée du trousseau et cachée sous mes papiers. Le souvenir me frappa de ceque j'avais pu ouvrir sans elle la cassette, soit à l'époque de la visite des étrangers, soit en ce moment. J'examinai mon trousseau, et, à ma grande surprise, j'y trouvai une clef inconnue qui m'avait servi dans ces deux occasions. Je tremblai malgré moi ; mais les images les plus brillantes qui se présentaient l'une après l'autre à mon esprit réveillé, me firent bientôt oublier cette circonstance mystérieuse. Je n'eus point de repos que je ne visse les premiers rayons du soleil se lever derrière les montagnes, et que je pusse courir au jardin me baigner dans leur douce chaleur.

*

Le père Léonard et les frères remarquèrent le changement qui s'était fait en moi. Au lieu de la tristesse et de la réserve que je montrais depuis quelque temps, j'étais gai et animé. Je parlais avec l'éloquence qui m'était naturelle et comme si j'eusse été devant l'assemblée des fidèles. Resté seul avec le prieur, il me regarda long-temps avec attention ; il semblait vouloir pénétrer jusqu'au fond de mon âme. Enfin il me dit avec un sourire légèrement ironique :

« Le frère Médard aurait-il recueilli de nouvelles forces dans une vision céleste ? »

Je rougis, car je ne pus m'empêcher d'éprouver quelque honte à l'idée que je ne devais mon renouvellement d'enthousiasme qu'à un verre de vin vieux. Je baissai les yeux et la tête, et le père Léonard me laissa à mes réflexions. Moi-même je n'étais pas sans crainte de voir cesser au bout de fort peu de temps l'exaltation que je ne devais qu'au vin, et de la voir remplacée par une faiblesse d'autant plus grande ; mais il n'en fut pas ainsi. Je sentis au contraire, avec le retour de mes forces, une augmentation d'énergie et le besoin de satisfaire toute l'ambition que la vie du couvent me permettait d'éprouver.

J'insistai en conséquence pour qu'on me permît de prêcher de nouveau à la prochaine fête, et cela me fut accordé. Peu d'instans avant de monter en chaire je pris un verre du vin merveilleux. Jamais je n'avais parlé à la fois avec plus de feu et d'onction. Le bruit de ma guérison complète se répandit bientôt au loin; l'église se remplit de nouveau comme autrefois; mais plus j'obtenais de succès auprès de la foule, plus le père Léonard devenait grave et réservé avec moi. Je commençais à le haïr du fond de mon âme, car je ne doutais pas qu'il ne fût rempli d'envie et d'orgueil monastique.

Le jour de saint Bernard approchait, et je brûlais du désir le plus ardent de déployer toute mon éloquence en présence de la princesse. Je suppliai donc le prieur d'obtenir pour moi l'autorisation de prêcher à l'abbaye. Cette prière parut surprendre singulièrement le père Léonard ; il m'avoua franchement que son intention avait été de monter lui-même en chaire à cette occasion, et que des arrangemens avaient déjà été pris à cet effet ; mais il ajouta que cette circonstance ne ferait que faciliter l'exécution de mon plan, puisqu'il feindrait une indisposition et m'enverrait à sa place.

Je vis ma mère, ainsi que la princesse, la veille de la fête ; mais mon âme était si remplie de l'idée des succès que j'allais obtenir le lendemain, que leur vue ne fit sur moi qu'une bien faible impression. Le bruit s'étant répandu dans la ville que je devais prêcher en place du père Léonard indisposé, la réunion ordinaire de la saint Bernard fut bien plus nombreuse encore cette année que les précédentes. Je ne mis rien sur le papier et me contentai de disposer dans ma tête les principaux points de mon sermon. Je comptais sur l'inspiration que me communiqueraient le sacrifice de la messe, les nombreux auditeurs, l'étendue et la beauté de l'église. Mon attente ne fut pas trompée. Mes paroles coulèrent comme un torrent enflammé. Je mêlai aux traits de la vie de saint Bernard les images les plus brillantes et les réflexions les plus pieuses. Je lisais dans les regards fixés sur moi l'étonnement et l'admiration.

Je brûlais d'impatience de savoir ce que la princesse me dirait, et j'attendais l'expression de sa satisfaction avec un désir que je ne saurais dépeindre. Il me semblait qu'après avoir montré son étonnement des dispositions que mon enfance avait offertes, elle ne pouvait manquer alors de me recevoir avec un respect involontaire. Cependant, quand l'office fut terminé, et que je demandai à la voir, elle me fit répondre qu'éprouvant une indisposition subite, il lui était impossible de recevoir qui que ce fût. J'en fus d'autant plus affligé, que dans mon orgueil, je m'étais imaginé que l'abbesse, pleine d'enthousiasme pour mes talens, éprouverait d'elle-même le besoin d'entendre encore de ma bouche quelques pieuses exhortations. Ma mère, que je vis, me parut agitée par une douleur secrète dont je ne demandai pas la cause, parce que ma conscience me disait vaguement que je n'y étais pas étranger. Elle me remit une lettre de la princesse en me disant que je ne devais l'ouvrir que quand je serais de retour dans mon couvent. A peine étais-je rentré dans ma cellule que j'en rompis le cachet et que je lus avec étonnement ce qui suit :

« Mon cher fils (car je veux encore

»te donner ce nom), le sermon que tu »as prononcé dans notre couvent m'a »profondément affligée. Tes paroles ne »sont point sorties d'une âme pieuse et »entièrement tournée vers le ciel. Ton »inspiration n'a pas été de celles qui »élèvent les esprits religieux sur des ailes »de séraphin et leur permettent de por»ter leur regard jusque dans le royaume »céleste. Hélas! les ornemens orgueil»leux de tes discours, les peines que tu »prends pour dire des choses remar»quables et brillantes, m'ont prouvé »qu'au lieu d'instruire les auditeurs et »de les enflammer du feu d'une véritable »piété, tu ne cherches qu'à obtenir la »frivole admiration des personnes mon»daines. Tu as feint des sentimens qui »ne sont point dans ton cœur; tu as »même adopté certains gestes et mou»vemens calculés comme ceux d'un co»médien : et tout cela dans l'espoir d'un »honteux succès. L'esprit de l'imposture

» s'est introduit en toi, et te perdra si tu » ne rentres en toi-même et ne renonces » au péché : car tes pensées et tes actions » sont très-coupables, et d'autant plus » qu'en entrant au couvent tu t'es engagé » envers le ciel à marcher dans la piété » et à renoncer à toutes les vanités du » monde. Puisse saint Bernard, que tu » as si cruellement offensé par ton ser- » mon, te pardonner dans sa céleste clé- » mence, et t'éclairer afin que tu puisses » retrouver le bon chemin dont le malin » esprit t'a écarté, et te rendre digne de » son intercession pour le salut de ton » âme! Porte-toi bien. »

Les paroles de l'abbesse me percèrent comme autant de flèches emflammées. Je brûlais d'une colère intérieure, car je ne doutais pas que le père Léonard, dont l'opinion sur mes sermons était si conforme à la sienne, n'eût éveillé en elle une dévotion minutieuse, et ne l'eût, par ce moyen, prévenue contre moi. A compter de ce moment, j'eus de la peine à regarder le prieur sans frémir, et il me vint dans la pensée des projets contre lui qui m'effrayèrent moi-même. Les observations de l'abbesse et du prieur m'étaient d'autant plus insupportables, qu'en descendant au fond de mon cœur je ne pouvais nier qu'elles ne fussent justes. Je n'en persistai pas moins pour cela dans mes projets; je continuai à puiser des forces dans la bouteille mystérieuse, à orner mes sermons de toutes les fleurs de la rhétorique, à étudier mes regards et mes gestes, et je gagnai de plus en plus les applaudissemens et l'admiration du public.

CHAPITRE VI.

Les rayons dorés de l'aurore pénétraient par les fenêtres de l'église. J'étais assis seul dans un confessionnal, absorbé dans de profondes réflexions. Les pas du frère qui balayait l'église retentissaient seuls sous les voûtes. Tout à coup j'entendis du bruit près de moi, et j'aperçus une femme grande et bien faite, vêtue d'un costume un peu étrange, le visage couvert d'un voile, qui était entrée par une petite porte latérale, et qui s'avançait vers moi pour se confesser. Ses mouvemens avaient une grâce impossible à décrire; elle s'agenouilla, un profond soupir échappa de son sein, et elle n'avait pas encore parlé que déjà sa présence faisait sur moi l'effet d'un charme qui m'étourdissait. Comment peindrai-je le son de sa voix si pénétrante et d'un genre si particulier? Chaque mot qu'elle prononça me perça le sein quand elle m'avoua qu'elle nourrissait un amour défendu que depuis long-temps elle combattait en vain, et que cet amour était d'autant plus coupable que celui qui l'avait inspiré était engagé dans des liens sacrés, liens que, dans l'égarement de son désespoir, elle avait osé maudire. Parvenue à cet endroit de sa confession, elle s'arrêta;

puis elle ajouta au milieu d'un flot de larmes :

« C'est vous, c'est vous-même, Médard, que j'aime de cet amour inexprimable. »

A ces mots, tous mes nerfs furent agités comme dans les derniers combats de la mort ; j'étais hors de moi ; un sentiment qui m'était inconnu me déchira le sein ; je désirais la voir, la serrer sur mon cœur, mourir de plaisir et de douleur. J'aurais acheté une seule minute d'une pareille félicité au prix des peines éternelles de l'enfer.

Elle se tut ; mais je pus entendre qu'elle respirait avec difficulté. Plein d'une sorte de sauvage désespoir, j'essayai de prendre courage et de lui faire quelques exhortations. Je n'ai plus aucun souvenir de ce que je lui dis ; mais je me rappelle que quand j'eus fini, elle se leva en silence et s'éloigna, pendant que je mettais mon mouchoir devant mes yeux et que je demeurais immobile et presque sans connaissance dans le confessionnal.

Par bonheur, personne n'entra plus dans l'église, et je pus sans être aperçu me glisser dans ma cellule. Cette aventure donna à toutes choses un aspect bien différent de ce qu'elles avaient eu jusqu'alors. Mes efforts me parurent bien vains et bien insensés. Je n'avais pas vu les traits de l'inconnue, et cependant son image vivait en moi. Il me semblait qu'elle me regardait avec de beaux yeux bleus, dans lesquels brillaient des larmes qui ressemblaient à des perles. Elles tombaient sur mon sein comme un feu dévorant qu'aucune prière, aucune pénitence n'était capable d'éteindre. J'en essayai pourtant de toute espèce. Je me déchirai jusqu'au sang avec la discipline, afin d'échapper à la damnation éternelle qui me menaçait: car le feu que cette femme étrangère avait allumé dans ma poitrine excitait en moi les désirs les plus coupables, et me causait une souffrance à laquelle je cherchais vainement le moyen de me dérober.

Il y avait dans notre église un autel consacré à sainte Rosalie, au-dessus duquel se voyait un magnifique portrait de la sainte, représentée au moment où elle recevait le martyre. En regardant ce portrait, je me sentis convaincu que c'était celui de ma pénitente. Il n'y avait pas jusqu'à son costume qui ne fût pareil à celui qu'elle portait et qui m'avait paru si étrange. Je demeurais parfois pendant des heures entières couché sur les marches de l'autel, et poussant d'affreux cris de désespoir qui faisaient fuir loin de moi les religieux épouvantés. Dans des momens plus calmes, je courais çà et là, dans le jardin du couvent, et alors je la voyais tantôt se promener dans un vague lointain, tantôt sortir des bosquets pour venir à ma rencontre, tantôt s'élever du sein des fontaines, tantôt glisser sur la prairie émaillée : elle était partout!

Dans ces momens, je maudissais mes vœux et mon existence. Je voulais aller dans le monde, ne prendre aucun repos avant de l'avoir trouvée, et acheter sa possession au prix du salut de mon âme. Je réussis pourtant enfin à modérer les élans d'un délire qui demeurait inexplicable au prieur comme aux frères. Je fus en état de paraître plus calme, mais intérieurement la flamme me dévorait toujours. Je n'avais ni sommeil ni repos. Poursuivi par son image, je me retournais sur ma dure couche et j'implorais le secours des saints, non pour me sauver de cette illusion séductrice, non pour préserver mon âme d'une damnation éternelle, mais pour me donner cette femme, pour me relever de mes vœux, et pour appro uver mon apostasie.

A la fin je pris la ferme résolution de mettre un terme à mes souffrances en fuyant loin du couvent : car il me semblait que je n'avais besoin d'autre chose que de me voir relevé de mon vœu de réclusion, pour posséder cette femme et apaiser le feu qui me dévorait. Mon projet fut de me rendre méconnaissable en me rasant la barbe et en prenant des habits séculiers, et de rester ensuite dans la ville jusqu'à ce que je l'eusse trouvée. Je ne songeai pas à la difficulté ou, pour mieux dire, à l'impossibilité d'un pareil plan, attendu qu'entièrement dépourvu d'argent, je n'aurais pas pu vivre deux jours hors des murs du couvent.

Le dernier jour que je comptais y rester était enfin arrivé. Par un hasard favorable, je m'étais procuré des habits bourgeois assez propres, et je résolus de quitter le couvent dans la nuit pour n'y plus jamais rentrer. Le soleil était déjà couché quand le prieur me fit appeler inopinément auprès de lui. Je tremblais en m'y rendant, car je ne doutais pas qu'il n'eût découvert mon projet. Le père Léonard me reçut d'un air beaucoup plus sérieux qu'à l'ordinaire, et même avec une dignité imposante qui me fit frémir malgré moi.

« Frère Médard, me dit-il, ta conduite insensée, que je ne regarde que comme l'effet de cette exaltation d'esprit exagérée à laquelle tu te livres depuis quelque temps, par des vues qui, je le crains, ne sont pas des plus pures, rompt la tranquillité de notre vie commune; elle trouble cette douce gaieté que je me suis efforcé jusqu'à présent de maintenir entre les frères, comme le résultat naturel d'une existence calme et pieuse. Peut-être aussi cette exaltation provient-elle de quelque événement malheureux qui t'est arrivé. Si tu t'étais confié à mon amitié paternelle, tu aurais trouvé auprès de moi de la consolation; mais tu as préféré te taire, et je désire d'autant moins te presser de m'apprendre ton secret que je crains à présent de ne pouvoir l'entendre sans y sacrifier mon repos si nécessaire à mon âge. A plusieurs reprises, et surtout au pied de l'autel de sainte Rosalie, tu as prononcé des discours horribles, inspirés sans doute par la démence, et qui ont grièvement scandalisé non seulement les religieux, mais encore les étrangers qui se trouvaient par hasard dans l'église. Je pourrais d'après cela, conformément à la règle du couvent, te condamner à un châtiment sévère ; mais ce n'est pas mon intention : car je veux croire qu'une puissanee ennemie, peut-être le démon lui-même, a causé ton erreur, parce que tu ne l'auras pas combattue avec assez de courage. Je ne t'impose donc d'autre pénitence que des prières assidues. Je lis jusqu'au fond de ton âme.... Tu veux quitter le couvent. »

Le père Léonard me jeta un regard scrutateur que je ne pus soutenir : je tombai baigné de larmes à ses pieds, car je me sentais intérieurement coupable.

« Je te comprends, continua le prieur, et je suis moi-même porté à croire que le monde, pourvu que tu le parcoures avec simplicité d'esprit, contribuera plus que la solitude du couvent à te tirer de ton erreur. Les intérêts de

Je passai la nuit à prier et à me préparer au voyage. Je versai le reste du vin mystérieux dans un flacon garni en osier, afin de pouvoir m'en servir en cas de besoin, et je replaçai la bouteille vide dans la cassette.

Ma surprise fut grande lorsque je découvris, par la lecture des instructions détaillées du prieur, que mon voyage à Rome n'était point une plaisanterie, et que la mission que je devais y remplir était réellement de la plus haute importance pour les intérêts du couvent. Cela ne laissa pas que de m'embarraser, car je ne savais comment concilier cette affaire avec la résolution que j'avais prise de jouir de toute ma liberté aussitôt que je serais sorti du couvent. Mais je pensai à *elle*, et reprenant courage je me fortifiai dans l'idée de rester fidèle à mes projets.

Les frères se rassemblèrent : le congé

que je pris d'eux et du père Léonard me remplit de la plus profonde tristesse ; mais bientôt les portes du couvent se fermèrent sur moi, et je commençai mon voyage dans le monde.

CHAPITRE VII.

La première hauteur sur laquelle je m'arrêtai me fit voir le couvent situé au fond de la vallée, enveloppé des vapeurs bleuâtres du matin. Les chants pieux des frères montèrent jusqu'à moi, dans le silence de la nature. Je m'y joignis par un mouvement involontaire. Bientôt le soleil versa des torrens de feu sur la ville; ses rayons brillèrent à travers le feuillage, et les gouttes de rosée tombèrent comme autant de diamant sur des milliers d'insectes de toutes couleurs qui se réveillaient pour voltiger et bourdonner autour de moi. Les oiseaux remplirent la forêt de leurs chansons joyeuses et de leurs douces caresses. Une troupe de jeunes paysans et de paysannes parées descendirent la montagne.

« Loué soit Jésus-Christ! » me dirent-ils en passant à côté de moi.

« A toute éternité! » leur répondis-je, et il me sembla que j'en commençais une nouvelle vie pleine de bonheur et de liberté, qui offrait à mon esprit une foule d'images délicieuses.

Jamais je n'avais éprouvé ce que je sentais en ce moment; j'étais un autre homme. Animé d'une vigueur nouvelle, je traversai d'un pas rapide le bois et je descendis la côte. Je demandai ensuite à un paysan que je rencontrai le chemin du lieu porté sur mon itinéraire pour ma première couchée, et il m'en indiqua un à travers les montagnes, qu'il me dit être beaucoup plus court que la grande route. J'avais déjà parcouru un espace assez considérable, quand je songeai de nouveau à mon inconnue et au projet que j'avais formé de la chercher. Mais son image était effacée de mon esprit comme par une puissance étrangère, et j'eus de la peine à rassembler les traits épars et affaiblis de son portrait. Plus je m'efforçais de les fixer dans ma tête, plus ils se dissipaient dans une espèce de brouillard.

La seule chose qui fût encore clairement présente à ma mémoire était mon extravagante conduite dans le couvent après cette mystérieuse aventure.

Il m'était impossible d'expliquer la bonté du prieur en souffrant cette conduite et en m'envoyant dans le monde, en place de me faire subir le châtiment que j'avais si bien mérité. Je ne tardai pas à me persuader que l'apparition de cette femme inconnue n'avait été qu'une vision, suite d'une trop grande tension d'esprit, et au lieu d'attribuer, comme je l'avais fait jusqu'alors, cette funeste aventure à la persécution du démon, je mis mon erreur sur le compte de ma propre imagination. La circonstance du costume de l'étrangère, si semblable à celle de sainte Rosalie, contribua à me persuader que le portrait de cette sainte, que, du confessional où j'étais assis, je pouvais apercevoir de biais et à une assez grande distance, avait eu beaucoup de part à mon illusion. J'admirai la sagesse du prieur qui avait choisi le plus sûr moyen de me guérir, puisque renfermé dans les murs du couvent, toujours entouré des mêmes objets, l'esprit occupé d'une même pensée, cette vision, se colorant dans la solitude de nuances toujours plus vives, aurait pu facilement m'entraîner dans la folie. Me confirmant de plus en plus dans l'idée que je n'avais fait que rêver, j'eus de la peine à m'empêcher de rire, et avec une frivolité qui ne m'était pas naturelle, je plaisantais intérieurement de la pensée que j'avais eue qu'une sainte fût devenue amoureuse de moi. Je me dis pourtant que cela n'avait rien d'étonnant, puisque moi-même j'avais été un jour saint Antoine.

Depuis plusieurs jours déjà je marchais dans les montagnes, tantôt à côté de rochers sourcilleux d'une hauteur prodigieuse, tantôt dans d'étroits défilés ou dans des ravins creusés par des torrens. Mon chemin devenait de plus en plus désert et pénible. Il était midi; le soleil dardait ses rayons sur ma tête nue; je souffrais une soif horrible, mais je ne voyais pas de source où je pusse l'étancher, et le village que l'on m'avait annoncé semblait reculer devant mes pas. Épuisé de fatigue, je m'assis sur un quartier de roche, et je ne pus m'empêcher de boire une gorgée du précieux breuvage que je désirais économiser autant que possible. Une force nouvelle remplit soudain mes veines. Rafraîchi et ranimé, je me remis en route pour parvenir enfin au but qui ne pouvait plus être éloigné.

Cependant le bois de sapins devenait plus touffu. J'entendis du bruit dans la partie la plus épaisse, et bientôt après un cheval attaché à un arbre se mit à hennir. J'avançai de quelques pas encore, et je frémis d'effroi en me voyant tout à coup sur le bord d'un affreux précipice, au fond duquel un torrent roulait ses eaux écumantes avec un fracas qui de loin avait déjà frappé mon oreille. Dans l'endroit le plus dangereux était assis un jeune homme en uniforme. Il avait à côté de lui son chapeau à plumet, son épée et un portefeuille. Son corps tout entier était penché en avant au-dessus du précipice. Il était endormi. Sa chute était inévitable. Je m'approchai de lui, et comme je portais la main sur son épaule pour le retenir, je criai :

« Au nom de Dieu, Monsieur ! réveillez-vous ; au nom de Dieu ! »

A peine l'eus-je touché qu'il sortit d'un profond sommeil ; mais au même instant, perdant son équilibre, il tomba dans le précipice, et fut lancé de rocher en rocher. J'entendis le bruit de ses membres qui se brisaient. Le cri qu'il jeta, étouffé par la vaste profondeur de l'abîme, ne parvint jusqu'à moi que comme un faible gémissement qui ne tarda pas à se dissiper. Saisi d'horreur et d'effroi, je demeurai quelque temps immobile, puis prenant le chapeau, l'épée et le porte-feuille, je voulus m'éloigner promptement de ce lieu de malheur, quand je vis venir à moi un jeune homme en habit de chasseur qui sortit du taillis et me regarda d'abord fixement au visage, après quoi il se mit à rire avec une si folle gaieté qu'une sueur froide coula sur tous mes membres.

« En vérité, monsieur le comte, dit le jeune homme, la mascarade est parfaite, et si madame la baronne n'en était pas avertie d'avance, je suis sûr qu'elle ne reconnaîtrait pas son bien-aimé sous cet habit. Mais qu'avez-vous fait de l'uniforme, Monsieur? »

« Je l'ai jeté au fond du précipice, » répondis-je... Mais non, j'ai tort; ce ne fut pas moi qui prononçai ces paroles;

elles sortirent involontairement de mes lèvres.

Absorbé dans mes pensées, je me tenais sur le bord de l'abîme, les yeux fixés sur le fond, d'où il me semblait que le corps sanglant du comte allait sortir pour me menacer. J'éprouvais la même sensation que si je l'eusse assassiné, et je tenais toujours fermement dans ma main le chapeau, l'épée et le portefeuille. Le jeune homme continua :

« Maintenant, Monsieur, je vais me rendre à la ville par la grande route, et je me tiendrai caché dans la maison qui est située sur la gauche, tout près de la porte. Quant à vous, je pense que vous allez descendre sur-le-champ au château; on vous y attend sans doute déjà. J'emporterai avec moi votre chapeau et votre épée. »

Je lui tendis l'un et l'autre.

« Adieu donc, monsieur le comte; je vous souhaite beaucoup de succès au château. »

En disant ces mots, le jeune homme s'enfonça dans le taillis, et partit en chantant et en donnant toutes les marques de la gaieté.

Quand je fus revenu de mon premier étourdissement, et que je réfléchis avec calme sur cette aventure, je ne pus m'empêcher de convenir que j'étais le jouet du hasard, qui d'un seul coup m'avait placé dans la position la plus extraordinaire. Il était évident, d'un côté, que le chasseur avait été trompé par une grande ressemblance de traits et de taille entre le malheureux comte et moi, et de l'autre, que ce jeune militaire avait fait choix du costume de capucin pour entreprendre quelque aventure dans un château voisin. La mort l'avait surpris, et ma destinée extraordinaire m'avait au même instant envoyé là pour le remplacer. La force irrésistible de cette même destinée me poussa à continuer le rôle que j'avais commencé involontairement à jouer; elle l'emporta sur tous mes doutes et étouffa la voix intérieure qui m'accusait de meurtre et de sacrilége. J'ouvris le porte-feuille, dans lequel je trouvai quelques lettres et des valeurs considérables en effets de commerce. Je voulus examiner les unes et les autres, afin de me mettre au fait des relations du comte; mais l'inquiétude qui me dévorait, la foule d'idées différentes qui se croisaient dans mon esprit ne me laissèrent pas assez de sang-froid pour y rien comprendre.

Après avoir fait quelques pas, je m'arrêtai de nouveau; je m'assis sur un rocher; je voulais essayer de me calmer un peu, je sentais le danger de me risquer ainsi sans avoir été préparé au milieu d'un cercle de personnes et d'objets qui m'étaient tous également inconnus. Des cors retentirent dans le bois, et des voix joyeuses se firent entendre et s'approchèrent de moi. Le cœur me battit avec violence; ma respiration s'arrêta; un monde nouveau, une nouvelle existence allaient donc s'ouvrir pour moi! Je me détournai dans un étroit sentier qui me conduisit à une descente rapide. En sortant du bois je vis au-dessous de moi, dans la vallée, un grand et beau château.

C'était là le théâtre de l'aventure que le comte avait voulu tenter, et je résolus d'aller courageusement au-devant de ce qui pourrait m'y arriver. Je ne tardai pas à me trouver dans les allées du parc dont le château était environné. Dans une allée latérale et obscure, je vis se promener deux hommes, l'un desquels portait l'habit d'un ecclésiastique séculier. Ils s'approchèrent de moi, mais ils continuèrent leur conversation sans m'apercevoir. L'ecclésiastique était un jeune homme sur les beaux traits duquel on voyait une pâleur mortelle, marque d'un profond chagrin; l'autre, dont les habits étaient simples mais propres, me parut être d'un âge déjà avancé. Ils s'assirent sur un banc en me tournant le dos, et assez près de moi pour que je pusse entendre chaque mot qu'ils se disaient.

« Hermogène, dit le plus âgé des deux, votre silence opiniâtre fait le désespoir de votre famille. Votre sombre chagrin augmente tous les jours; la vigueur de votre jeunesse est abattue, sa fleur est flétrie. Votre résolution d'embrasser l'état ecclésiastique rompt tous les projets, détruit toutes les espérances de votre père... Il renoncerait néanmoins volontiers à ces espérances, si c'était une vocation réelle, un goût irrésistible pour la solitude, témoigné depuis long-temps, qui vous y entraînât. Il ne chercherait point dans ce cas à combattre une destinée fixée par le ciel même. Mais le changement soudain qui s'est fait dans vos manières ne prouve que trop clairement qu'il vous est arrivé quelque événement que vous ne voulez pas dire, qui a fortement ébranlé votre cœur et dont l'effet continue encore à se faire sentir. Vous étiez autrefois un jeune homme plein de gaieté, d'ardeur, de franchise. Qu'est-ce qui a donc pu vous donner tant d'éloignement pour l'humanité, que vous doutiez qu'il y ait un homme au monde dont les discours soient capables de consoler votre esprit malade? Vous vous taisez, vous fixez sur moi des regards vagues, vous soupirez. Hermogène! vous aimiez autrefois votre père avec une tendresse plus qu'ordinaire; s'il vous est devenu impossible de lui ouvrir votre cœur, ne l'affligez pas du moins par la vue d'un habit qui lui rappelle sans cesse votre terrible résolution. Je vous en supplie, Hermogène, quittez ce costume. Croyez-moi, les choses extérieures ont un pouvoir mystérieux sur notre âme. Ne pensez-vous donc pas que si cette robe large et traînante ne vous forçait à donner une certaine gravité à votre marche, vous sauteriez et danseriez comme vous faisiez autrefois ? L'éclat des épaulettes qui brilleraient sur votre habit rappellerait les couleurs de la jeunesse sur vos joues pâles, et le bruit des éperons retentirait comme une musique agréable à l'oreille de votre coursier qui viendrait au-devant de son maître en hennissant et en tendant le cou. Levez-vous donc, monsieur le baron, ôtez ce sombre costume qui ne vous sied pas. Voulez-vous que Frédéric vous apporte votre uniforme ? »

Le vieillard se leva et voulut se retirer ; le jeune homme se jeta dans ses bras.

« Hélas ! vous me tourmentez, bon Reinhold, dit-il d'une voix affaiblie. Plus vous vous efforcez de toucher les cordes qui jadis répondaient aux sentimens de mon cœur, plus je sens que la main de fer de la destinée s'est appesantie sur moi, et que, semblable à un luth brisé, je ne rends plus que des sons sans timbre. »

« Cela vous paraît ainsi, mon cher baron ; vous me parlez d'un sort épouvantable qui vous poursuit, et vous ne dites point en quoi ce sort consiste. Quoi qu'il en soit, un jeune homme comme vous, doué d'une force intérieure, rempli du courage ardent naturel à son âge, doit pouvoir se débarrasser de la main de fer de la destinée ; il doit, inspiré par une nature divine, s'élever au-dessus de son sort, et réveillant en lui cette nature assoupie, triompher des maux de cette misérable vie. Je ne conçois rien, baron, qui soit en état de neutraliser la force de cette volonté intérieure. »

Hermogène recula d'un pas, et jetant au vieillard un regard sombre, et dans lequel on lisait un courroux concentré qui avait quelque chose d'effrayant, il s'écria d'une voix creuse et étouffée :

« Sache donc que c'est moi-même qui suis cette destinée qui me perd ; qu'un crime monstrueux pèse sur ma conscience ; un épouvantable sacrilége, dont je fais pénitence dans la douleur et le désespoir.... Prends donc pitié de moi, et obtiens de mon père qu'il me permette de me renfermer dans un cloître. »

« Baron, interrompit le vieillard, vous êtes dans une situation d'esprit qui n'appartient qu'à une raison troublée. Vous ne partirez pas, vous ne devez pas partir; madame la baronne et Aurélie reviendront sous très-peu de jours; il faut que vous les voyiez. »

A ces mots le jeune homme partit d'un rire affreux et s'écria d'une voix qui me fit frémir :

« Tu dis que je dois rester?... oui vraiment, vieillard, tu as raison : je dois rester. Ma pénitence sera plus rude encore que dans les murs d'un couvent. »

Il s'élança aussitôt dans les bosquets les plus touffus, et le vieillard demeura la tête appuyée sur sa main et livré à une profonde douleur.

CHAPITRE VIII.

« LOUÉ soit notre Seigneur Jésus-Christ! » dis-je en m'approchant de Reinhold.

Il tressaillit et me regarda avec surprise; mais bientôt il eut l'air de se rappeler quelque chose qui avait rapport à ma présence et il me dit :

« Ah! c'est sans doute vous, mon

père, dont madame la baronne nous a annoncé il y a quelque temps l'arrivée, et qui devez apporter la consolation au sein de notre maison affligée? »

Je répondis affirmativement, et Reinhold ne tarda pas à se livrer à une gaieté qui paraissait être naturelle à son caractère. Nous traversâmes le parc et nous arrivâmes enfin à un bosquet situé tout près du château, et d'où la vue s'étendait sur une délicieuse perspective dans les montagnes. Un domestique sortait en ce moment de la grande porte du château. Reinhold l'appela, lui donna quelques ordres, et au bout de peu de temps on nous servit un fort bon déjeuner. Pendant que nous trinquions, je crus remarquer que Reinhold me regardait attentivement, et comme s'il eût cherché à rassembler ses idées pour rappeler un souvenir confus; à la fin il éclata :

« Mon Dieu ! mon père, il faut que ma mémoire soit devenue bien infidèle si vous n'êtes pas le père Médard, du couvent des capucins de***. Vous l'êtes, oh ! vous l'êtes bien certainement. Parlez de grâce. »

Les paroles de Reinhold me frappèrent comme un coup de foudre. Je me voyais découvert, démasqué, accusé de meurtre ! Le désespoir me donna du courage. Il s'agissait de la vie et de la mort, et je dis :

« Il est vrai que je suis le père Médard du couvent des capucins de ***, et que je me rends à Rome, chargé des affaires de la communauté. »

Je parlai ainsi avec toute la tranquillité et tout le sang-froid dont je me sentais capable.

— « C'est donc le hasard qui vous a

fait quitter la grande route, et qui vous a amené ici à votre insu; ou bien madame la baronne vous aurait-elle réellement envoyé? En ce cas, comment avez-vous fait sa connaissance?»

Sans prendre le temps de la réflexion et ne faisant que répéter ce qu'une voix intérieure me dictait, je répondis :

« J'ai fait pendant mon voyage la connaissance du confesseur de madame la baronne, et c'est lui qui m'a recommandé d'exécuter la commission que l'on me donnerait pour cette maison. »

—« Il est vrai; c'est aussi ce que madame la baronne a écrit. Eh bien! je rends grâce au ciel de ce qu'il vous a envoyé de ce côté, et de ce qu'il vous a inspiré l'idée pieuse de suspendre votre voyage, pour faire en ce lieu un acte de charité. Je me suis trouvé par hasard, il y a peu d'années, à *** ; j'y ai entendu ces sermons pleins d'onction que vous prononciez avec un enthousiasme vraiment céleste. Votre piété, votre vocation qui est de combattre avec un zèle ardent pour le salut des âmes égarées, le don merveilleux d'éloquence que vous avez reçu du ciel, tout cela m'assure que vous obtiendrez ici ce que personne n'a pu encore obtenir. Je suis bien aise de vous avoir rencontré avant que vous n'ayez vu M. le baron ; je profiterai de cette circonstance pour vous faire connaître l'intérieur de cette famille, et je serai aussi franc que je dois l'être avec un saint homme comme vous, que le ciel lui-même nous envoie pour notre consolation. Il est d'ailleurs nécessaire, pour que vous puissiez donner à vos efforts une direction convenable, que vous receviez sur divers points des éclaircissemens sur lesquels, sans cela, j'aimerais mieux garder le silence. Du reste, ce que j'ai à vous dire ne sera pas long.

» J'ai été élevé avec le baron, l'harmonie qui régnait entre nos âmes fit de nous deux frères, et anéantit les barrières que la naissance avait placées entre nous. Je ne me séparai jamais de lui, et lorsque nous sortîmes l'un et l'autre de l'académie, où nous avions achevé ensemble nos études, il vint ici prendre possession des biens que son père lui avait laissés, et moi je devins l'intendant de ces mêmes biens. Je ne cessai point d'être son frère et son meilleur ami, et c'est ce qui me donne l'occasion d'être instruit de tous les secrets de sa maison.

» Son père avait désiré son union avec une famille à laquelle il était fort attaché, et le baron eut d'autant moins de peine à remplir, à cet égard, les dernières intentions de son père, qu'il trouva dans la personne qui devait être le lien de cette union une femme d'une beauté remarquable, qui lui inspira dès le premier abord un amour très-vif. Il est rare que les vœux des parens se trouvent ainsi à tous égards d'accord avec les désirs des enfans. Les fruits de cet heureux hymen furent Hermogène et Aurélie.

» Nous passions le plus souvent l'hiver dans la résidence voisine ; mais peu de temps après la naissance d'Aurélie, la baronne ayant senti s'affaiblir sa santé, nous y passâmes aussi l'été, attendu qu'elle avait besoin sans relâche des soins des plus habiles médecins. Elle mourut à l'entrée du printemps, et précisément au moment où une amélioration sensible donnait lieu d'espérer une prompte et parfaite guérison.

» Nous cherchâmes une retraite à la

campagne, et le temps seul put calmer la profonde douleur dont le baron était accablé. Cependant Hermogène devint un superbe jeune homme, et Aurélie ressembla chaque jour davantage à sa mère. L'éducation de ces deux aimables enfans était notre occupation la plus assidue et la plus chère. Hermogène montrait un goût si prononcé pour l'état militaire, que le baron se décida à l'envoyer à la capitale, pour y faire son apprentissage sous les yeux de son ancien ami le gouverneur.

» Il y a trois ans que pour la première fois nous passâmes de nouveau un hiver entier à la ville. Le baron s'y rendit tant pour rester quelque temps auprès de son fils, que par égard pour les sollicitations de ses amis qui l'en pressaient depuis plusieurs années. L'apparition d'une nièce du gouverneur faisait à cette époque un grand bruit dans le monde. Elle était orpheline et s'était placée, de son propre gré, sous la protection de son oncle, quoique pour le reste elle habitât une aile séparée du palais et qu'elle tînt sa propre maison où elle rassemblait tout le beau monde autour d'elle. Sans chercher à vous décrire plus particulièrement mademoiselle Euphémie, ce qui serait d'ailleurs inutile, puisque vous allez bientôt la voir, il suffit d'observer que tout ce qu'elle disait, tout ce qu'elle faisait était rempli d'une grâce inexprimable, qui rendait tout-à-fait irrésistible une beauté déjà par elle-même extraordinaire. Partout où elle paraissait, la société brillait d'une vie nouvelle, et les hommages qu'on lui rendait ressemblaient à de l'enthousiasme. Elle savait inspirer les personnes les plus froides, les plus nulles, au point de les élever au-dessus de leur propre petitesse, et de les rendre méconnaissables à elles-mêmes.

» D'après ce que je viens de dire, vous jugez qu'elle ne manquait pas d'adorateurs; mais il était impossible de dire qu'il y en eût aucun qu'elle distinguât par-dessus les autres. Elle avait au contraire un art merveilleux pour les retenir tous dans ses liens sans rien accorder à personne, et cependant sans en mécontenter aucun. Cette nouvelle Circé avait fait sur le baron une impression extraordinaire. Elle lui témoigna dès les premiers momens de son arrivée des égards qui ressemblaient en quelque sorte à de l'amour filial. Dans tous les entretiens qu'elle eut avec lui, elle montra l'esprit le plus cultivé joint à cette profonde sensibilité qui ne se rencontre que chez les femmes. Elle rechercha et obtint l'amitié d'Aurélie, et lui montra tant d'attachement qu'elle ne dédaigna pas de s'occuper des plus petits détails de sa toilette comme l'aurait pu faire une mère. Elle savait, dans les plus brillantes sociétés, venir avec tant d'art au secours de cette jeune personne naïve et sans expérience, que ce secours, au lieu d'être remarqué, ne servait qu'à faire briller davantage l'esprit naturel et l'excellent jugement d'Aurélie ; aussi obtint-elle bientôt les égards les plus marqués.

» Le baron ne cessait de se répandre en louanges d'Euphémie, et ce fut là une de ces occasions si rares où nos avis différèrent. J'avais l'habitude dans la société de tout observer en silence, mais sans prendre une part directe à ce qui se passait. D'après cela, je n'avais pas manqué d'examiner Euphémie, qui, selon son habitude de ne jamais négliger personne, m'avait plusieurs fois adressé quelques mots pleins d'affabilité. Je fus forcé d'avouer qu'elle était la plus belle femme que j'eusse vüe, que l'esprit et le sensibilité brillaient dans tout ce qu'elle disait, et cependant un sentiment inexplicable m'éloignait d'elle. Je ne pouvais réprimer une sensation pénible qui s'emparait de moi à l'instant même où elle me regardait ou commençait à me parler. Ses yeux brillaient d'un feu extraordinaire, qui, lorsqu'elle ne croyait pas être observée, lançait des éclairs ressemblant aux éruptions d'un volcan intérieur.

» Comme il lui arriva plus d'une fois de regarder de cette façon Hermogène, qui faisait peu ou point d'attention à elle, j'en conclus que ce beau masque cachait bien des choses dont le monde ne se doutait pas. A la vérité, je n'avais rien à opposer aux éloges excessifs du baron que mes propres observations physionomiques, auxquelles il n'attachait aucun prix, tandis que, dans l'aversion inexplicable que m'inspirait Euphémie, il ne trouvait qu'un jeu de la nature qui ne pouvait être fondé que sur quelque particularité physique. Il me confia que, selon toutes les apparences, Euphémie ne tarderait pas à entrer dans la famille, puisqu'il comptait employer toute son influence pour l'unir avec Hermogène.

» Un jour nous venions de parler sérieusement sur ce sujet, et j'employais toute mon éloquence pour justifier ma façon de penser sur Euphémie, quand Hermogène entra dans la chambre, et le baron, qui avait coutume de toujours agir avec une grande franchise, lui fit part sur-le-champ de ses plans et de ses espérances. Hermogène écouta tout ce qu'on avait à lui dire avec le plus grand sang-froid, et quand son père eut fini de parler il répondit qu'il ne se sentait aucune inclination pour Euphémie, qu'il était sûr de ne pouvoir jamais l'aimer et qu'il suppliait en conséquence que l'on voulût bien renoncer à tout projet d'union entre eux. Le baron fut vivement contrarié de voir renverser ainsi du premier coup un plan qui lui souriait ; mais il songea d'autant moins à presser son fils à ce sujet qu'il ignorait encore ce qu'Euphémie elle-même en pensait. Avec la gaieté et la bonté qui lui étaient naturelles, il plaisanta le premier sur l'inutilité de ses efforts, observa qu'Hermogène partageait peut-être ma constitution physique, mais ajouta qu'il ne pouvait pas concevoir quel principe repoussant une femme si belle et si intéressante pouvait avoir. Ses relations avec Euphémie n'éprouvèrent, comme de raison, aucun changement ; il s'était tellement accoutumé à sa société qu'il ne pouvait plus passer un jour sans la voir. Il arriva d'après cela que, se trouvant une fois dans une humeur particulièrement gaie, il lui dit qu'il n'y avait qu'un seul homme dans tout son cercle qui ne fût pas amoureux d'elle, et que c'était son fils Hermogène. Il avoua même que ce fils n'avait pas voulu permettre qu'il demandât pour lui la main d'une personne si charmante.

» Euphémie répondit en riant qu'il n'était pas sûr qu'elle eût accepté l'offre de la main d'Hermogène, ajoutant que quelque prix qu'elle pût mettre à une alliance avec la maison de M. le baron, elle ne pensait pas qu'Hermogène en pût jamais être le lien, attendu qu'il était beaucoup trop sérieux et trop capricieux pour elle. A compter du jour de cet entretien, dont le baron me rendit compte sur-le-champ, Euphémie redoubla d'attentions pour lui et pour sa fille Aurélie; elle trouva même moyen par une foule d'allusions détournées de persuader au baron que ce serait dans une union avec lui-même bien plutôt qu'avec son fils qu'elle se flatterait de trouver le vrai bonheur conjugal. Elle avait toujours de nouveaux argumens à opposer à tout ce qu'on lui disait sur la différence des âges, et elle mettait dans ses manœuvres tant d'art et de prudence que le baron ne put s'empêcher de croire que toutes les idées, tous les désirs qu'Euphémie lui inspirait étaient nés au contraire dans son cœur; aussi ne tarda-t-il pas à brûler d'une passion digne d'un jeune homme. Il ne me fut plus possible de m'opposer au torrent; je l'essayai, mais il était trop tard. A la grande surprise des habitans de la capitale, Euphémie devint l'épouse du baron. Ce fut alors que je me persuadai que l'être terrible et menaçant que je n'avais vu jusqu'alors que dans l'éloignement avait réellement croisé mon chemin, et il me sembla qu'un devoir sacré m'ordonnait de veiller avec soin sur mon ami et sur moi-même. Hermogène apprit le mariage de son père avec une complète indifférence; l'aimable Aurélie, remplie d'un cruel pressentiment, fondit en larmes.

» Peu de temps après la cérémonie, Euphémie exprima le désir d'aller dans nos montagnes. Elle vint ici avec son époux, et je dois convenir que sa conduite fut si aimable et démentit si peu tout ce qu'elle avait montré de charme jusqu'alors, qu'elle me força moi-même à l'admirer.

» Deux années s'écoulèrent ainsi dans un bonheur que rien ne troubla. Nous passâmes les deux hivers dans la capitale; mais même au sein des sociétés les plus brillantes la baronne témoignait un respect si profond pour son mari, une si parfaite attention à ses moindres désirs que la langue venimeuse de l'envie fut forcée de se taire, et que les jeunes gens qui s'étaient flattés d'un triomphe facile près de l'épouse d'un vieillard n'osèrent pas même se permettre la plus légère indiscrétion. Dans le cours du dernier hiver je fus peut-être le seul qui, toujours par suite de ma constitution, commençai à éprouver de nouveau de la méfiance.

» Avant le mariage d'Euphémie avec le baron, le comte Victorin, jeune homme d'une figure remarquablement belle, major dans la garde d'honneur, et qui ne venait que par momens dans la capitale, avait été de tous ses admirateurs le seul auquel, de temps en temps, et comme entraînée par un sentiment qui était plus fort que sa volonté, elle donnait quelques légères marques de préférence. On avait même un moment parlé de leur mariage; mais ce bruit se dissipa aussi promptement qu'il s'était élevé.

» Le dernier des deux hivers dont je

viens de parler, le comte Victorin se trouva par hasard dans la capitale et fréquenta, comme on devait s'y attendre, les mêmes cercles qu'Euphémie. Il ne parut pourtant s'occuper d'elle en aucune façon et même il eut l'air de l'éviter. Malgré cela je crus remarquer que leurs regards se rencontraient, quand ils ne pensaient pas être vus, et que ces regards étaient remplis du feu le plus ardent.

» Un soir une brillante société était réunie chez le gouverneur. Je me tenais dans l'embrasure d'une fenêtre, à moitié caché par l'ample draperie des rideaux. Le comte Victorin était à deux ou trois pas devant moi. Euphémie, dans un costume brillant et plus belle que jamais, passa à côté de lui. Il lui prit le bras avec un mouvement passionné. J'étais par ma position la seule personne qui pût les voir. Euphémie tressaillit et lui lança un regard que je ne tenterai pas de décrire. Le seul souvenir m'en fait encore horreur, tant il était rempli de cet amour qu'il semble que la vertu ne saurait éprouver. Ils se dirent quelques mots à l'oreille, que je n'entendis point. Euphémie, qui peut être-m'avait aperçu, se retourna vivement et je lui entendis prononcer ces mots : On nous observe !

» Je demeurai immobile d'étonnement, d'effroi et de douleur. Comment pourrai-je vous décrire, mon père, ce qui se passa dans mon âme? Songez à l'amitié, au fidèle attachement que j'avais pour le baron, à mes tristes pressentimens que je voyais se réaliser : car il était impossible de ne pas reconnaître, après ce que je venais d'entendre, qu'une intelligence secrète existait entre la baronne et le comte. J'étais obligé de me taire pour le moment, mais je pris la résolution d'observer de près la baronne, et aussitôt que j'aurais acquis la certitude de son crime, d'ouvrir les yeux de mon ami sur le lien honteux dans lequel il s'était engagé. Mais qui peut se flatter de vaincre le démon en ruse ? Tous mes efforts furent inutiles, et il aurait été absurde de faire part au baron de ce que j'avais vu et entendu, car son artificieuse épouse n'aurait pas manqué de trouver assez de prétextes de me faire passer pour un visionnaire.

» La neige couvrait encore les montagnes quand, au printemps passé, nous arrivâmes ici, ce qui ne m'empêcha pas de faire de longues promenades. Un jour je rencontrai dans le village voisin un paysan dont la tournure et le maintien avaient quelque chose d'étrange. J'eus bientôt reconnu en lui le comte Victorin; mais quand je voulus le suivre, il disparut derrière une maison, et il me fut impossible de le retrouver. Je jugeai que sa liaison avec la baronne avait seule pu le porter à prendre ce déguisement. D'ailleurs je suis sûr qu'il se trouve en ce moment dans ces environs, car j'ai vu passer son chasseur à cheval ; seulement il me paraît inexplicable qu'il ne soit pas resté de préférence à la ville, puisque la baronne y est. Il faut que vous sachiez qu'il y a trois mois que le gouverneur est tombé dangereusement malade et a demandé à voir Euphémie. Elle s'est rendue sur-le-champ auprès de lui avec Aurélie, et une indisposition du baron l'a seule empêchée de l'y accompagner.

» Ce fut à cette époque qu'une série de malheurs vint accabler cette maison et y porter le deuil. Euphémie ne tarda pas à écrire au baron qu'Hermogène avait été attaqué subitement d'une profonde mélancolie qui parfois dégénérait en frénésie ; qu'il cherchait la solitude, maudissait son destin et ne voulait écouter ni les conseils de son ami ni ceux des médecins. Je vous laisse à penser, mon père, de l'effet que cette nouvelle fit sur le baron. La vue de son fils l'aurait trop ému; je me rendis donc seul à la ville. Je trouvai Hermogène délivré de ses accès de fureur, grâce aux remèdes puissans que l'on avait employés; mais sa mélancolie restait toujours la même, et les médecins assuraient qu'elle était incurable. Il fut très-ému en me voyant. Il me dit qu'un sort malheureux l'obligeait à abandonner pour toujours sa profession, et que ce n'était qu'au fond d'un cloître qu'il pouvait espérer de sauver son âme d'une damnation éternelle. Il avait même déjà pris le costume dans lequel vous venez de le voir. Je parvins, non sans peine, à obtenir de lui qu'il me suivît au château de son père. Il est calme, mais rien ne peut lui ôter l'idée qu'il a prise, et les efforts que j'ai faits jusqu'à présent pour découvrir la cause qui l'a mis en cet état ont été inutiles, quoique la connaissance de ce secret soit peut-être indispensable à sa guérison.

» Il y a quelque temps que la baronne a écrit que, d'après le conseil de son confesseur, elle enverrait ici un religieux, de qui le commerce et les discours consolans auraient peut-être sur Hermogène une influence avantageuse, attendu que sa mélancolie avait une tendance évidamment pieuse. Je suis, en vérité, bien aise, mon père, qu'un heureux hasard vous ait conduit à la capitale, et que le choix soit tombé sur vous. Vous pourrez rendre le repos à une famille affligée si vous voulez bien vous rappeler de diriger vers un double but vos efforts, que le seigneur daigne bénir! Tâchez d'un côté de découvrir le terrible secret d'Hermogène. Quand il s'en sera confessé il se sentira plus tranquille, et vous pourrez alors tâcher de le convaincre qu'il peut faire son salut dans le monde aussi bien que dans le cloître. Mais d'un autre côté, rapprochez-vous aussi de la baronne. Vous savez tout. Vous avouerez avec moi que si ce que j'ai vu ne suffit pas pour fonder une accusation, il est néanmoins impossible qu'elle soit innocente. Vous penserez, je suis sûr, comme moi sous tous les rapports, quand vous aurez vu de près Euphémie. Sa constitution ardente lui donne du penchaut pour la dévotion. Peut-être réussirez-vous, grâce à l'éloquence dont vous êtes doué, à pénétrer jusqu'au fond de son cœur, à l'ébranler et à la corriger, afin qu'elle cesse de trahir son époux et de vivre dans un péché qui serait la perte de son âme.

» Il me reste encore une chose à vous dire, mon père, c'est qu'il y a bien des momens où il me semble que le baron nourrit dans son cœur un chagrin qu'il me cache et dont la cause est indépendante de l'état de son fils. Il m'arrive parfois de penser qu'il a obtenu des preuves encorre plus claires que les miennes de l'infidélité de son épouse. Je recommande donc aussi à vos soins le baron, mon meilleur ami.»

CHAPITRE IX.

Le récit que Reinhold termina en ces mots m'avait causé les sensations les plus pénibles : car il avait excité dans mon âme un combat de mille sentimens opposés. Jouet du sort le plus bizarre, je me voyais exister sous deux formes différentes et je me perdais dans la mer des événemens dont les flots m'entraînaient malgré moi. Je ne pouvais plus me retourner. Il était clair que le comte Victorin était tombé dans le précipice, poussé par ma main, mais non pas par ma volonté. Je prenais sa place s'en m'en douter; mais Reinhold avait reconnu le père Médard, le prédicateur du couvent des capucins, de sorte qu'à ses yeux j'étais toujours moi-même. Cependant les liaisons de la baronne avec Victorin retombaient sur moi, car j'étais aussi ce Victorin. Je suis ce que je parais, et je parais ce que je ne suis pas; énigme inexplicable à moi-même, ma personne est en quelque sorte partagée en deux.

En dépit de l'orage qui régnait dans mon cœur, je réussis à feindre le calme convenable à un ecclésiastique, et je me présentai devant le baron. C'était un homme âgé, mais qui portait encore sur ses traits les marques d'une santé et d'une force extraordinaires. On voyait que c'était le chagrin, et non pas les années, qui avait sillonné son front et blanchi ses cheveux. Malgré cela, il régnait dans ses discours et dans toute sa conduite un enjouement et une bienveillance qui disposaient chacun en sa faveur. Quand Reinhold m'eut présenté comme la personne dont la baronne avait annoncé l'arrivée, il me regarda d'un œil scrutateur, qui devint plus aimable après que Reinhold eut ajouté qu'il m'avait connu autrefois au couvent des capucins à***, où il m'avait entendu prêcher et où j'entraînais tout le monde par la force de mon éloquence. Le baron me tendit la main d'un air plein de franchise, et dit en se tournant vers Reinhold :

« Je ne sais, mon cher ami, pourquoi les traits de ce vénérable père m'ont fait à la première vue un effet si singulier. Ils ont réveillé en moi un souvenir auquel je cherche en vain à donner de la netteté. »

Il me sembla que le baron allait dire sur-le-champ : C'est le comte Victorin ; car j'avais fini par me persuader que j'étais réellement Victorin. Aussi je sentis battre mon cœur avec violence, et une rougeur subite me monta à la figure. Je n'avais d'espérance qu'en Reinhold, qui m'avait connu comme le frère Médard, quoique je fusse intérieurement convaincu que je ne l'étais pas. Il est impossible d'imaginer la confusion qui régnait dans mes idées.

Le baron désirait que je fisse immédiatement la connaissance d'Hermogène, mais quand on voulut le chercher il ne se trouva nulle part. On l'avait vu partir pour une promenade dans les montagnes, et l'on n'éprouva point d'inquiétude, attendu qu'il avait l'habitude de faire de longues courses. Je demeurai toute la journée dans la société du baron et de Reinhold, et je pris peu à peu tant de courage que le soir je me sentis en état d'aller sans crainte au-devant de tous les événemens qui pourraient m'arriver.

Quand je me retrouvai seul la nuit, j'ouvris le porte-feuille et j'acquis la certitude que c'était en effet le comte Victorin qui avait péri dans le précipice. Du reste, les lettres que je trouvai roulaient toutes sur des sujets indifférens, et il n'y en eut pas une seule qui me donnât le plus léger éclaircissement sur sa famille et sa position dans le monde. Je ne m'en embarrassai donc pas davantage, et je résolus, en me laissant aller entièrement aux circonstances, de suivre ce que le sort déciderait de moi, une fois que la baronne serait de retour.

Dès le lendemain elle arriva avec

Aurélie au château, où elle n'était pas encore attendue. Je les vis toutes deux descendre de voiture. Le baron et Reinhold leur donnèrent la main et les introduisirent dans le vestibule. Je me promenais pendant ce temps à grands pas dans ma chambre, tourmenté par d'étranges pressentimens. Au bout de quelques instans on me fit prier de descendre. La baronne vint au-devant de moi. C'était une femme d'une beauté remarquable et dans la fleur de la jeunesse. Quand elle m'aperçut, elle montra une émotion extraordinaire. Sa voix trembla; elle eut de la peine à parler. Son embarras me donna du courage; je la regardai fixement au visage, et lui donnai la bénédiction selon l'usage du couvent. Elle pâlit et fut obligée de s'asseoir. Reinhold me regarda en souriant d'un air satisfait. En ce moment la porte s'ouvrit, et le baron parut avec Aurélie.

A peine eus-je aperçu cette jeune personne qu'un trait de flamme pénétra dans mon sein et y alluma une foule de sentimens cachés; les désirs de la volupté, la tendresse du plus sincère amour, tout ce qui jusqu'alors y était demeuré assoupi dans un vague pressentiment prit tout à coup une existence réelle et instantanée. La vie se montra à mes yeux sous des couleurs d'autant plus brillantes, que le passé demeurait enseveli dans une nuit sombre et glacée : en un mot, Aurélie était la vision que j'avais eue au confessionnal. Ses yeux bleus et mélancoliques, si naïfs et si pieux, sa bouche charmante, son cou penché en avant dans l'attitude de la prière, sa taille élancée, tout m'offrait en elle, non pas Aurélie, mais sainte Rosalie elle-même. Il n'y avait pas jusqu'au schall bleu qu'elle portait gracieusement jeté sur sa robe rouge qui ne complétât sa ressemblance à la fois avec le tableau et avec la femme inconnue qui était venue se confesser à moi. La beauté de la baronne ne me parut pas comparable à la grâce céleste d'Aurélie. Du moment où elle eut paru dans la salle, je ne vis plus qu'elle. Mon émotion ne put échapper aux assistans.

« Qu'avez-vous, mon père? dit le baron, vous paraissez singulièrement agité. »

Ces paroles me firent rentrer en moi-même. Je sentis en ce moment une force surnaturelle poindre en moi, un courage inconnu qui me mettait en état de tout supporter, puisqu'*elle* devait être le prix du combat.

« Félicitez-vous, monsieur le baron, répondis-je avec un enthousiasme soudain, une bienheureuse habite avec nous cette maison. Le ciel s'ouvrira bientôt pour nous, et, entourée de ses anges, sainte Rosalie répandra les consolations et le bonheur sur les pieux adorateurs qui auront imploré son assistance. J'entends les hymnes des esprits célestes, qui appellent la sainte et la contemplent du sein de leurs nuages éclatans; je vois sa tête couronnée de l'auréole de la gloire et élevée vers le chœur des saints que son œil distingue. *Sancta Rosalia, ora pro nobis.* »

Je m'agenouillai, les regards tournés vers le ciel et les mains jointes. Tout le monde imita ce mouvement; du reste, on ne me fit aucune question; on attribua mon exclamation à une inspiration soudaine, et le baron prit la résolution de faire dire des messes sur l'autel de sainte Rosalie dans la principale église de la ville. Je m'étais fort adroitement tiré d'embarras, et je me sentais plus que jamais décidé à tout risquer, puisqu'il s'agissait de posséder Aurélie, seul objet qui m'attachât à la vie. Quant à la baronne, elle me parut être dans une humeur toute particulière. Ses regards me poursuivaient; mais aussitôt que je tournais les yeux sur elle, les siens prenaient une autre direction et erraient vaguement autour de la chambre.

La famille s'étant séparée, je me hâtai de descendre au jardin, dont je me mis à parcourir les allées, roulant dans ma tête mille plans différens pour la vie que je comptais mener au château. Le jour baissait déjà quand Reinhold vint me dire que la baronne, pleine d'admiration pour mon pieux enthousiasme, m'attendait dans sa chambre.

Quand j'y entrai elle fit quelques pas au-devant de moi, et me prenant par les deux bras, elle me regarda fixément dans les yeux et s'écria :

« Est-il possible? est-il possible?....

Es-tu Médard, le capucin?.... Mais ta voix, ta taille, tes yeux, tes cheveux! Parle, ou je meurs de doute et d'inquiétude. »

« Victorin! » répondis-je à voix basse.

Elle me serra aussitôt sur son sein et me prodigua les caresses les plus voluptueuses. Un feu inconnu parcourut mes veines; j'oubliai mon serment, mes devoirs, l'espérance de mon salut; mais ce ne fut point à Euphémie que je les sacrifiai. Une douce illusion me fit croire que je tenais Aurélie dans mes bras.

Oui, Aurélie seule vivait en moi. Mon esprit n'était rempli que d'elle, et cependant je frémis en secret à la pensée de la revoir après ce que j'avais fait. Nous devions nous retrouver au souper. Il me semblait que son regard si pur me convaincrait de mon péché, et qu'anéanti et démasqué, je serais livré à la honte et à une perte irrévocable. D'un autre côté, je ne me sentais pas non plus le courage de revoir de sitôt la baronne, de sorte que, prenant pour prétexte un exercice de piété auquel j'étais forcé de me livrer, je fis dire que je désirais rester dans ma chambre, quand on vint m'avertir que le souper était servi.

En attendant, je n'eus besoin que de peu de jours pour surmonter ma honte et mon inquiétude. La baronne était d'une amabilité parfaite, et plus notre liaison devenait intime, plus nous nous livrions à de coupables plaisirs, plus aussi elle redoublait d'attentions pour le baron. Elle m'avoua que ma tonsure, ma barbe naturelle, ma démarche monastique que, du reste, je commençais à observer moins scrupuleusement, lui avaient causé dans le commencement les plus vives alarmes. Mon élan subit, au sujet de sainte Rosalie, l'avait presque convaincue qu'une erreur, une destinée ennemie avait renversé le plan qu'elle avait si adroitement conçu avec Victorin, et lui avait envoyé à sa place un véritable capucin qu'elle maudissait du fond de son âme. Elle me dit qu'elle admirait ma prudence en me faisant tonsurer et en laissant croître ma barbe, èt qu'elle ne concevait pas comment j'avais fait pour prendre des manières si bien adaptées à mon rôle, qu'elle était souvent obligée de me regarder fixement pour ne pas tomber malgré elle dans les doutes les plus étranges.

Le chasseur de Victorin se faisait voir de temps à autre, déguisé en paysan, à l'extrémité du parc, et je ne manquais pas de lui parler en secret et de lui dire de se tenir prêt à fuir avec moi au premier moment si quelque événement malheureux me faisait courir des dangers. Le baron et Reinhold paraissaient fort contens de moi ; ils me pressèrent de m'occuper d'Hermogène et de mettre toute mon éloquence en œuvre pour le guérir de sa mélancolie. Je n'avais pas encore pu trouver l'occasion de lui dire un seul mot ; car il était clair qu'il fuyait toutes les occasions de se trouver seul avec moi, et quand il me rencontrait dans la société de son père ou de Reinhold, il me regardait d'une façon si extraordinaire que j'avais bien de la peine à cacher l'embarras qu'il me faisait éprouver. Il semblait vouloir pénétrer dans le fond de mon âme et y lire tous mes secrets. Un mécontentement profond et invincible, un dépit concentré, un délire qu'il réprimait avec peine se lisaient sur sa physionomie aussitôt qu'il m'apercevait.

Il arriva qu'un jour, comme je me promenais dans le parc, nous nous rencontrâmes inopinément au détour d'une allée ; je crus que le moment était favorable pour éclaircir notre position respective. Je lui prisdonc la main pour l'empêcher de me fuir, et je lui parlai avec tant de force, d'onction, de persuasion, qu'il finit par montrer un peu d'attention à mon discours et par ne pouvoir se défendre d'une légère émotion. Nous nous étions assis sur un banc, à l'extrémité d'une allée qui conduisait au château. Tout en parlant je sentis augmenter mon inspiration. Je lui dis que l'homme était coupable lorsqu'il se laissait consumer par une peine intérieure, au point de refuser les secours et les consolations que l'église offre à tous ceux qui souffrent, puisqu'il contrariait ainsi le but pour lequel la vie lui avait été donnée. J'ajoutai que le plus grand criminel ne devait pas désespérer de la bonté du ciel, puisque ce doute le privait du salut que son repentir lui aurait sans cela assuré. Je l'exhortai à se confesser à moi le plus tôt possible, à épancher son âme dans le sein de son Dieu, et je lui fis espérer, quel que fût le péché qu'il eût commis, que l'absolution ne lui serait pas refusée. A ces mots il se leva, ses sourcils se froncèrent, ses yeux lancèrent des flammes, une vive rougeur remplaça la pâleur de ses joues, et il s'écria d'une voix éclatante :

« Es-tu donc exempt de péché, toi qui veux prendre ici la place de Dieu et pénétrer dans mon âme? Tu me promets l'absolution de mes péchés, toi qui peut-être un jour la demanderas vainement pour les tiens, et qui verras les portes du royaume céleste se fermer pour toi! Misérable hypocrite! l'heure de la rétribution sonnera, et alors, écrasé dans la poussière comme un ver, tu imploreras en vain dans une mort ignominieuse des secours contre les peines que tu souffriras; mais tu périras au sein de la démence et du désespoir. »

CHAPITRE X.

En achevant de parler Hermogène se retira d'un pas précipité. J'étais anéanti. Tout mon courage, toute ma présence d'esprit avaient disparu. En ce moment, je vis Euphémie sortir du château en costume de promenade. Je n'avais de secours et de consolation à espérer que d'elle. J'allai donc à sa rencontre. Effrayée à la vue de mon trouble, elle m'en demanda la cause, et je lui racontai en détail l'entretien que je venais d'avoir avec Hermogène, ajoutant que je ne pouvais me défendre de la crainte que, par quelque circonstance inexplicable, il n'eût découvert notre secret. Euphémie traita fort légèrement une circonstance qui me mettait au désespoir ; elle sourit d'une manière si étrange qu'elle me fit frissonner et répondit :

« Enfonçons-nous davantage dans le parc, car d'ici l'on peut nous observer, et l'on pourrait s'étonner de ce que le révérend père Médard me parle avec tant de feu. »

Arrivés dans un bosquet solitaire, Euphémie m'embrassa avec le délire de la passion.

« Tu peux être tranquille, Victorin,

dit-elle, sur tout ce qui t'a causé tant d'inquiétude ; je ne suis même pas fâchée de ce qui vient d'arriver, car cela me force à te dire enfin des choses que je te cache depuis long-temps. Il faut d'abord que tu conviennes que j'ai su me ménager un grand empire sur tout ce qui m'entoure, ce qui du reste est plus facile aux femmes qu'à vous autres. A la vérité, il faut qu'elles joignent à ces dons extérieurs que la nature leur accorde quand elles sont belles, un esprit en état de faire tourner leur beauté à leur avantage et de la gouverner à leur gré. Il faut qu'elles sachent, pour ainsi dire, sortir d'elles-mêmes et employer, pour parvenir au but de leur ambition, leur propre personne comme elles feraient un objet étranger. Victorin, tu as de tout temps fait partie du petit nombre de personnes qui m'ont parfaitement comprise, et c'est pour cela que je n'ai pas dédaigné de te faire partager la position élevée que je me suis choisie dans le monde. Le mystère a ajouté un charme à notre liaison, et notre séparation apparente n'a servi qu'à donner l'essor à la bizarrerie de notre imagination. Notre réunion actuelle n'est-elle pas le coup le plus hardi que l'impuissance, retenue dans les liens de la société, pouvait oser tenter? Tu sais combien, dans la profondeur de mes vues, je méprise tous ces liens. Le baron m'est devenu complétement indifférent; Reinhold est placé trop au-dessous de moi pour que je fasse la moindre attention à lui. Aurélie est une bonne enfant sans esprit. Hermogène est donc ici le seul individu qui soit digne de m'occuper. Je t'ai déjà avoué qu'Hermogène avait fait sur moi, dès la première vue, une impression fort extraordinaire. Je le crus capable de pénétrer avec moi dans les hauteurs de la vie auxquelles je voulais le conduire; mais, pour la première fois, je me trompai. Il y avait quelque chose en lui qui le mettait sans cesse en opposition avec moi, et le charme que j'employais pour attirer les autres malgré eux dans mes filets semblait au contraire le repousser. Il demeurait froid, sombre et réservé. Par la force merveilleuse avec laquelle il me résistait, il excita ma susceptibilité, et je commençai la lutte dans laquelle il devait succomber.

» Ma résolution fut prise le jour où le baron m'annonça que son fils avait refusé une union qu'il lui proposait avec moi. L'idée me frappa soudain, comme un rayon céleste, d'épouser le baron lui-même, afin d'écarter d'un seul coup toutes ces petites considérations conventionnelles qui s'opposeraient à mes projets. Mais je t'ai déjà souvent parlé de ce mariage, mon cher Victorin; j'ai résolu tous tes doutes par le fait : car il ne me fallut que peu de jours pour changer ce vieillard sensé en un amant transi, et pour lui faire croire que les pensées que je lui inspirais lui étaient venues d'elles-mêmes. J'avais toujours devant les yeux le désir de la vengeance contre Hermogène, vengeance qui allait devenir plus facile et plus satisfaisante. Je différai le coup pour le rendre plus mortel. Si je connaissais moins bien ton âme, si je ne savais pas que tu n'as jamais craint de t'élever à ma hauteur, je balancerais à te confier ce qui s'est passé et ce qu'il est maintenant trop tard pour rappeler.

» Afin de faire sur Hermogène une impression plus vive, je me montrai, à mon dernier voyage à la capitale, sombre, triste, réservée, et je formai de cette manière un contraste avec le tourbillon de la vie militaire dans lequel il se trouvait. La maladie de mon oncle fut un prétexte pour me faire fuir toutes les sociétés brillantes, et j'évitai même de recevoir les visites de mes plus proches parens. Hermogène vint me voir, sans doute pour remplir son devoir envers sa belle-mère. Il me trouva absorbée dans de profondes réflexions, et lorsque surpris du changement qui s'était fait en moi, il m'en demanda la raison, je lui confiai, en fondant en larmes, que la santé du baron me causait les plus vives inquiétudes; que je voyais bien qu'il cherchait à me cacher son état, et que l'idée de perdre mon époux m'était insupportable. Hermogène se sentit ému, et quand après cela je lui eus peint le bonheur dont je jouissais dans mon union avec son père, quand je fus entrée dans tous les moindres détails de notre vie intérieure à la campagne, quand j'eus fait l'éloge du baron, dont le portrait prit sous mon pinceau un éclat qu'il ne possède pas, je vis que son étonnement et son admiration pour moi ne connaissaient presque plus de bornes;

je pénétrai le combat caché qui se livrait dans son cœur. Mais ma puissance remporta la victoire sur le principe hostile que ce cœur renfermait contre moi. Le lendemain soir il revint me voir, et je ne pus plus douter de mon triomphe.

» Il me trouva seule. Il était plus triste, plus troublé encore que la veille ; je parlai beaucoup du baron et du désir extrême que j'éprouvais de le revoir. Hermogène n'était déjà plus le même. Ses yeux demeuraient attachés sur les miens, qui allumaient dans son sein une flamme dangereuse. Quand je posais ma main sur la sienne, celle-ci tressaillait, et de profonds soupirs s'échappaient de sa poitrine. J'avais bien calculé le plus haut point de cette exaltation involontaire. Le soir que j'avais destiné pour sa chute, je ne dédaignai pas même ces artifices si usés et que l'on peut pourtant toujours si utilement employer. Je réussis ; mais les suites de ma victoire furent plus terribles que je ne l'avais pensé, quoiqu'elles aient servi à montrer ma puissance dans toute son étendue. Sa raison s'est égarée. Tu le sais, quoique tu en aies ignoré jusqu'à présent la véritable cause. C'est un effet particulier de la démence de détacher en quelque sorte le principe spirituel de l'influence du corps, et de lui permettre de voir des choses cachées à la vue ordinaire. Il est donc possible que dans les relations particulières où nous nous trouvons, toi, Hermogène et moi, il t'ait pénétré d'une façon mystérieuse, et soit devenu pour cela ton ennemi ; mais nous n'avons pas le moindre danger à craindre : car, quand même il se déciderait à éclater et à dire : Ne vous fiez pas au prêtre déguisé! Ne regarderait-on pas ce discours comme une nouvelle preuve de démence. surtout après que Reinhold a eu la bonté de reconnaître en toi le père Médard ?

»En attendant, il est inutile que tu t'occupes davantage d'Hermogène. Ma vengeance est accomplie, et je ne désire plus que de l'oublier, surtout comme il paraît qu'il regarde ma vue comme une pénitence pour lui ; car il ne cesse de me poursuivre de ses regards fixes et qui tiennent le milieu entre la vie et la mort. Il faut qu'il parte ; je voulais me servir de ton influence pour renforcer encore son désir de se renfermer dans un cloître, et pour persuader tant le baron que l'officieux conseiller Reinhold que c'est là seulement que son salut pourra être assuré, afin de les rendre par ce moyen moins contraires à ses désirs ; mais cela ne se peut plus maintenant. Du reste, Hermogène m'inspire une aversion insupportable : il faut qu'il parte. La seule personne en qui il paraît mettre une véritable confiance est la douce et naïve Aurélie. Par elle seule tu pourras influer sur l'esprit d'Hermogène, et j'aurai soin par cette raison de te mettre plus particulièrement en rapport avec elle. Si tu trouves une occasion favorable, tu pourras confier à Reinhold ou au baron qu'Hermogène t'a révélé, sous le secret de la confession, un grand crime qu'il aurait commis, mais que ton devoir ne te permet point de divulguer.... Nous parlerons de cela plus tard.... Tu sais maintenant tout, Victorin, agis et conserve du dévouement pour moi. Règne avec moi sur ce monde de marionnettes qui nous entoure. Il faut que la vie nous prodigue ses plus délicieuses jouissances sans nous renfermer dans le cercle étroit de ses devoirs. »

En ce moment nous aperçûmes de loin le baron, et nous allâmes au-devant de lui comme si nous avions été occupés d'un entretien pieux.

Il ne m'avait peut-être fallu que la

description qu'Euphémie venait de me faire de la tendance de sa vie pour me faire sentir aussi la puissance prépondérante qui m'animait moi-même comme l'émanation d'un principe plus élevé. Je me sentais pénétré de quelque chose de surnaturel qui me plaçait tout à coup dans une position d'où je voyais les objets dont j'étais entouré sous des couleurs tout-à-fait nouvelles. La force d'esprit, le pouvoir dont Euphémie s'était vantée, me paraissaient dignes du plus profond mépris. Dans le moment même où cette malheureuse croyait jouer son jeu imprudent avec les combinaisons les plus dangereuses de la vie, elle était livrée au hasard ou à une fatale destinée que ma main dirigeait. C'était ma force seule qui, excitée par des puissances mystérieuses, pouvait l'obliger à regarder comme un ami et un allié celui qui ne portait la ressemblance extérieure de son ami que pour la perdre, et qui l'enlaçait de manière à ne lui laisser aucune liberté. Euphémie, dans son égoïsme, me paraissait méprisable, et ma liaison avec elle m'était d'autant plus désagréable, qu'Aurélie seule vivait dans mon cœur, que c'était elle qui répondait de mes péchés, si je pouvais encore regarder comme un péché ce qui me semblait le comble de la félicité humaine. Je résolus de faire usage, dans toute son étendue, de la puissance qui m'était accordée, de saisir la baguette magique et de tracer le cercle dans lequel tous les objets qui m'environnaient marcheraient à mon gré.

Le baron et Reinhold s'efforçaient à l'envie de me rendre la vie agréable au château. Il n'éprouvèrent pas le moindre soupçon de mes liaisons avec Euphémie. Le baron observa au contraire plusieurs fois, comme avec un épanchement involontaire, que ce n'était que depuis mon arrivée chez lui qu'Euphémie lui avait été entièrement rendue, et cela me prouva que Reinhold s'était trompé, en supposant que quelque circonstance avait donné à son mari des motifs fondés de croire à l'infidélité de sa femme. Je voyais rarement Hermogène. Il m'évitait, avec un embarras et une inquiétude que le baron et Reinhold attribuaient à la crainte que lui inspiraient ma haute piété et la force d'esprit qui me mettait en état de pénétrer dans sa conscience troublée. Aurélie semblait aussi s'éloigner de moi, et quand je lui adressais la parole, elle montrait le même embarras que son frère. Je conclus de là que, selon toute apparence, Hermogène avait fait part à sa sœur de ses terribles soupçons, et je m'attachai en conséquence à détruire cette funeste impression.

Le baron, sans doute à l'instigation

de sa femme, qui voulait me mettre en rapport avec Aurélie, afin d'agir par elle sur l'esprit d'Hermogène, me pria d'instruire sa fille dans les grands mystères de la religion. Ce fut ainsi qu'Euphémie me facilitait elle-même le moyen d'arriver au but de mes désirs les plus ardens, au but que mon imagination me peignait sous les couleurs les plus délicieuses. La vision que j'avais eue dans l'église n'était-elle pas une promesse du pouvoir qui me gouvernait, de me donner celle de qui la possession pouvait seule calmer l'orage qui grondait dans mon sein ? Un regard d'Aurélie, sa présence, le frottement de sa robe me mettaient en feu.

Je traçai mon plan avec profondeur. Je voulais parler des incompréhensibles mystères de la religion en traits de flamme, dont le sens caché ne serait autre que l'ardeur de mes désirs amoureux.

J'espérais communiquer par ce moyen cette ardeur à Aurélie, remplir son sein d'une émotion dont la source lui serait inconnue, et la porter enfin au point de se jeter elle-même dans mes bras. En conséquence, je ne me rendais jamais auprès d'elle sans avoir d'avance préparé le sujet de ma leçon et les termes dont je voulais le revêtir. Je graduais avec un art infini la force de mes discours. La pieuse enfant m'écoutait les mains jointes, les yeux baissés ; mais pas la plus légère émotion, pas le plus faible soupir n'indiquait que mes paroles eussent l'effet que je m'en étais promis. Tous mes efforts ne m'avancèrent pas d'une ligne. Au lieu d'allumer dans le sein d'Aurélie le feu dévastateur qui devait la faire succomber à la séduction, celui qui consumait mon sein n'en devenait que plus ardent.

Mille projets se présentèrent à mon

esprit pour perdre Aurélie, et le peu de succès que j'obtenais auprès d'elle réagissant sur mes liaisons avec la baronne, me rendait celle-ci odieuse. En feignant de l'amour, je n'éprouvais pour elle que de la haine, et le contraste entre mes actions et mes sentimens donnait à ma conduite quelque chose de sauvage et de terrible, dont je ne pouvais m'empêcher de frémir. Elle n'avait pas le moindre soupçon du secret de mon cœur, et se livrait malgré elle à l'autorité que j'exerçais sur elle et qui devenait chaque jour plus forte. Par momens je prenais la résolution de mettre fin à mes souffrances en usant de violence à l'égard d'Aurélie ; mais à peine me retrouvais-je avec elle que je croyais voir un ange debout à ses côtés qui la protégeait et qui défiait en sa faveur toute la puissance de l'ennemi. Un frisson parcourait aussitôt mes veines, et je renonçais à mon projet.

A la fin la pensée me vint de prier avec elle : car l'ardeur de la piété brûle avec plus de force dans la prière. Les inclinations les plus secrètes s'éveillent et cherchent à saisir l'objet inconnu qui doit apaiser les désirs inexplicables dont le sein se remplit. Alors les passions terrestres peuvent à l'improviste prendre la place des désirs célestes, et l'innocence se tromper sur le but vers lequel elle est entraînée. Je calculais en outre que le seul acte de répéter les prières que je composerais pour elle m'offrirait des occasions précieuses dont je n'aurais qu'à profiter. En effet, agenouillée à côté de moi, les yeux tournés vers le ciel, répétant mes paroles, ses joues brillèrent d'un incarnat plus vif, son sein palpita d'un mouvement plus précipité. Dans la chaleur de la prière, je pris ses mains et les serrai contre ma poitrine ; ses cheveux tombaient sur mes épaules ; je n'étais plus maître de mes actions. Sans savoir à peine ce que je faisais, je passai mon bras autour de sa taille, je la pressai sur mon cœur; déjà ma bouche imprimait des baisers sur la sienne, quand, avec un cri perçant; elle s'arracha de mes bras. Je ne me sentis pas la force de la retenir; il me semblait que la foudre venait de tomber sur moi et de m'écraser.

Elle se sauva promptement dans la chambre voisine. La porte s'ouvrit: Hermogène s'y présenta. Il resta immobile et fixa sur moi des yeux qui offraient l'expression d'une sauvage démence. Je rassemblai toutes mes forces, et m'avançant vers lui, je lui dis d'une voix fière et impérieuse :

« Que viens-tu faire ici? retire-toi, insensé! »

Mais Hermogène étendit vers moi sa

main droite, et me dit d'une voix étouffée et terrible :

« Je voulais te combattre; mais je n'ai point d'épée et tu es un assassin ; car des gouttes de sang coulent de tes yeux et souillent ta barbe. »

Il s'éloigna et ferma la porte après lui avec violence. Je demeurai seul, furieux contre moi-même de ce que je m'étais laissé entraîner par la circonstance au point de me voir maintenant exposé aux dangers les plus éminens. Personne ne parut et j'eus le temps de me calmer. Bientôt l'esprit qui m'inspirait me fournit le moyen d'obvier aux suites funestes que pourrait avoir mon imprudence.

CHAPITRE XI.

Aussitôt que cela me fut possible je m'empressai d'aller trouver Euphémie, et je lui racontai avec fierté et hardiesse toute mon aventure avec Aurélie. Euphémie ne prit pas la chose aussi tranquillement que je l'aurais désiré, et je compris qu'en dépit de la force d'esprit dont elle se vantait, et du point de vue élevé dont elle prétendait envisager les objets, elle n'était pas incapable de ressentir de la jalousie. Elle devait craindre d'ailleurs qu'Aurélie ne se plaignît de moi, ce qui aurait dissipé l'auréole de sainteté qui entourait ma tête, et mis notre secret en danger. Par une timidité que je ne pus m'expliquer à moi-même, je ne parlai nullement du rôle qu'Hermogène avait joué dans cette aventure ni des paroles mordantes qu'il m'avait dites.

Euphémie garda quelques momens le silence, pendant lesquels elle parut absorbée dans de profondes réflexions.

« Ne devines-tu pas, Victorin, dit-elle à la fin, les pensées sublimes et bien dignes de moi qui se pressent dans mon esprit? Mais non, cela n'est pas possible. Prépare, en attendant, tes ailes pour me suivre dans le vol élevé où je vais te servir de guide. Je m'étonne à la vérité que toi, qui devrais planer sur tous les événemens de la vie, tu ne puisses te mettre à genoux à côté d'une jolie fille sans l'embrasser ; mais je ne te reproche pas la faiblesse à laquelle tu t'es laissé entraîner : si je connais bien Aurélie, sa pudeur ne lui permettra pas de parler de cette aventure, et tout ce qu'elle fera sera de saisir quelque prétexte pour se dérober à tes leçons un peu trop passionnées. Je ne crains donc en aucune façon les suites fâcheuses que tes désirs effrénés auraient pu occasioner. Je ne la hais point, cette Aurélie ; mais son absence de toute prétention, sa tranquille vertu sous laquelle elle cache un orgueil sans bornes me chagrinent. Je n'ai jamais pu gagner sa confiance, quoique je n'aie pas dédaigné de jouer avec elle. Cette espèce d'aversion qu'elle me témoigne excite en moi les sensations les plus pénibles. C'est une pensée sublime de songer que cette fleur, si fière de l'éclat de ses couleurs, se brisera et se flétrira! Je veux que tu exécutes cette pensée, et les moyens ne te manqueront pas pour arriver facilement et sûrement à ton but. La faute en devra retomber sur la tête d'Hermogène et compléter sa ruine! »

Euphémie s'étendit encore davantage sur son plan, et chaque mot qu'elle prononçait me la rendait plus odieuse; car elle ne se montrait à moi que comme une femme coupable, dépouillée de tout prestige. Aussi, quel que fût mon désir de triompher de la vertu d'Aurélie, puisque je ne pouvais espérer que de là la délivrance des tourmens dont mon sein était déchiré, le secours d'Euphémie m'était insupportable. Elle fut donc fort étonnée de me voir rejeter sa proposition : car j'étais intérieurement résolu d'accomplir, par mes propres moyens, un projet pour lequel Euphémie voulait me forcer d'accepter sa coopération.

Ainsi que la baronne l'avait pensé, Aurélie resta dans son appartement, et prit le prétexte d'une indisposition pour ne pas paraître dans le salon et recevoir une instruction le lendemain. Hermogène, contre son habitude, passait beaucoup de temps avec le baron et Reinhold. Il paraissait moins sombre et moins réservé, mais plus égaré, plus courroucé. On l'entendait souvent parler à haute voix et avec force, et j'observais qu'il me jetait des regards de dépit caché toutes les fois que le hasard m'amenait dans son chemin. La conduite du baron et de Reinhold changea aussi en peu de jours d'une manière fort étrange. Sans diminuer extérieurement en rien de l'attention et du respect qu'ils avaient coutume de me témoigner, il paraissait qu'un pressentiment extraordinaire les empêchait de se livrer à ce ton d'aimable familiarité qui régnait naguère dans leur conversation. Tout ce qu'ils me disaient était si contraint, si froid, que j'eus toutes les peines du monde, dans l'inquiétude qui s'emparait de moi, à conserver une tranquillité apparente.

Les regards d'Euphémie, dont j'avais appris à connaître le sens caché, me disaient qu'il venait de se passer quelque chose dont elle se sentait particulièrement irritée ; mais il me fut impossible, pendant toute la journée, de trouver un moment pour la voir sans témoins.

Au milieu de la nuit, quand tout le château était depuis long-temps livré au sommeil, je vis s'ouvrir dans ma chambre une porte pratiquée dans la tapisserie, que je n'avais pas encore remarquée, et Euphémie entra chez moi, agitée par un trouble que je ne lui avais jamais vu.

« Victorin, me dit-elle, la trahison nous menace : c'est Hermogène, l'insensé Hermogène qui, jeté sur la voie par d'étranges pressentimens, a découvert notre secret. Il a inspiré au baron ses soupçons par les discours sombres et mystérieux qu'il a tenus. A la vérité, Hermogène ne sait pas que tu es le comte Victorin; mais il soutient que la trahison, la malice, l'infortune, sont entrées dans le château avec toi : il te compare au démon. Les choses ne peuvent pas rester dans l'état où elles sont; cette position me fatigue; je ne puis supporter la dépendance dans laquelle ce vieillard jaloux va sans doute me tenir : car il paraît que son intention est de surveiller toutes mes démarches. Je veux briser les jouets qui me sont devenus inutiles, et tu te prêteras d'autant plus volontiers à mon projet, Victorin, que par ce moyen tu échapperas toi-même au danger d'être découvert et de voir ainsi le fruit original de notre imagination dégénérer en une aventure commune et une mascarade usée. Il faut nous débarrasser de l'incommode vieillard, et je suis venue pour consulter avec toi sur la manière d'y parvenir. Ecoute d'abord ma proposition. Tu sais que tous les matins, quand Reinhold est occupé, le baron va faire seul une promenade dans les montagnes; sors avant lui et tâche de le trouver à l'entrée du parc. Non loin d'ici, il y a un rocher sauvage et terrible. Quand on est parvenu au sommet, le voyageur voit sous ses pieds un abîme noir et sans fond. Au bord même de cet abîme, une avance dans le rocher forme ce que l'on appelle dans le pays le Siége du Diable. On prétend que des vapeurs empoisonnées s'élèvent du fond de ce précipice, et causent à ceux qui osent y regarder un étourdissement aux suites fatales duquel il est impossible de résister. Le baron, n'ajoutant aucune foi à ce conte, s'est déjà plusieurs fois placé sur le bord de ce précipice, pour jouir de la belle perspective que l'on y découvre. Il ne te sera pas difficile de l'engager à te conduire lui-même dans ce lieu dangereux. Quand tu y seras avec lui, il suffira d'un coup de ta main pour nous délivrer à jamais de ce vieil insensé. »

« Non, jamais! m'écriai-je vivement: je connais ce précipice affreux, je connais le Siége du Diable. Retire-toi et cesse de me porter au crime. »

A ces mots, Euphémie s'élança ver moi les yeux enflammés de colère; ses traits étaient renversés. Une passion fougueuse agitait son sein :

« Homme faible et pusillanime ! s'écria-t-elle, oses-tu bien dans ta lâcheté t'opposer à ce que j'ai résolu? Tu aimes donc mieux te soumettre à un joug honteux que de régner avec moi? Mais tu es en mon pouvoir. Vainement espères-tu te dérober aux liens qui te tiennent enchaîné à mes pieds. Obéis à mes volontés. Il faut que demain l'homme dont l'aspect m'est odieux, ait cessé de vivre. »

Pendant qu'Euphémie me parlait, je me sentis pénétrer du plus profond mépris pour sa jactance, et je lui répondis en riant d'un air si dédaigneux, que la pâleur de l'effroi et de l'inquiétude couvrit soudain son front :

« Insensée qui crois te jouer de la vie des autres, crains que les armes que tu emploies ne se tournent contre toi-même. Sache, malheureuse, que moi, que dans ton erreur impuissante tu crois gouverner, je te tiens au contraire enchaînée à *mon* pouvoir, semblable à la destinée elle-même. Tes jeux criminels ne sont que les convulsions d'un tigre renfermé dans une cage; sache, te dis-je, que ton amant repose au fond de ce précipice, et que tu as tenu dans tes bras, en sa place, le démon de la vengeance. Va, et livre-toi au désespoir!»

Euphémie chancela : elle était sur le point de se laisser tomber sans connaissance sur le parquet, quand je la pris dans mes bras, et la fis sortir de ma chambre par la porte qui l'y avait introduite. J'eus un moment l'idée de la tuer; j'y renonçai sans le savoir, car, après avoir refermé la porte, je crus réellement lui avoir ôté la vie. J'entendis un cri perçant, suivi de plusieurs portes qu'ils se fermaient avec violence.

Je venais de me placer dans une position qui ne me permettait pas de suivre la marche ordinaire des hommes. Il fallait que les coups se succédassent sans intervalle, et m'étant annoncé moi-même comme le démon de la vengeance, je devais accomplir en effet une vengeance terrible. La perte d'Euphémie fût résolue, et la haine la plus violente se joignant à l'amour le plus ardent devait me procurer le seul bonheur digne de l'esprit plus qu'humain dont je me sentais animé. Au moment même où Euphémie succomberait, je voulais qu'Aurélie fût à moi.

Je m'étonnai de la force d'âme qui permit à Euphémie de se montrer le lendemain aussi tranquille et aussi gaie que de coutume. Elle raconta même qu'elle avait éprouvé pendant la nuit une espèce d'accès de somnambulisme, qui avait été suivi d'une attaque de nerfs. Le baron parut la plaindre. Les regards de Reinhold exprimèrent le doute et la méfiance. Aurélie ne sortit pas de son appartement, et moins je trouvais d'occasions de la rencontrer, plus le feu qui brûlait dans mon sein acquérait d'intensité. Euphémie m'engagea à me rendre dans sa chambre par des chemins qui m'étaient connus, quand tout reposerait dans le château. J'en fus ravi, car je me dis que le moment qui devait sceller sa destinée était arrivé. Je cachai sous ma robe un petit couteau fort aigu, que je portais sur moi depuis ma plus tendre jeunesse, et à l'aide duquel je sculptais une foule de petits meubles en bois. Ainsi préparé au meurtre, je me rendis chez elle.

« Je crois, dit-elle en me voyant, que nous avons fait tous deux, la nuit dernière, des songes fort inquiets. Nous avons vu des précipices sous nos pas; mais maintenant tout est passé. »

Elle voulut, à ces mots, me prodiguer, selon sa coutume, ses infâmes caresses; mais il me fut impossible de feindre. En me dégageant de ses bras, je laissai tomber mon couteau; elle recula effrayée. Je ramassai l'instrument de mort et différai l'exécution, qu'Euphémie elle-même me facilita d'une toute autre façon.

Elle avait fait servir du vin d'Italie avec des confitures. Pénétrant son dessein, je m'étonnai qu'elle n'eût pas imaginé un moyen moins usé. Je changeai adroitement les verres, et je cachai dans les larges manches de ma robe les confitures que je faisais semblant de porter à ma bouche. J'avais déjà bu deux ou trois verres de vin, mais dans le verre qu'Euphémie avait préparé pour elle; soudain elle feignit d'entendre du bruit, et me pria de la quitter promptement. Son projet était sans doute que je terminasse ma vie dans ma chambre. Je me glissais le long d'un corridor faiblement éclairé, quand j'arrivai devant la porte de l'appartement d'Aurélie, et je demeurai immobile à la place. Il me semblait la voir me jetant des regards d'amour, comme dans ma vision, et m'invitant à la suivre. J'approchai légèrement la main contre la porte. Elle céda. Je me trouvai dans la chambre; elle était vide. La porte d'un cabinet était entrebaillée. Une atmosphère épaisse m'environnait, j'avais de la peine à respirer. J'écoutai attentivement. Des soupirs accompagnés de prières se faisaient entendre dans le cabinet où elle dormait et rêvait sans doute de meurtre et de trahison. La puissance inconnue qui régissait mes actions me poussait en avant. Déjà j'avais fait un pas dans le cabinet, quand j'entendis crier derrière moi :

« Infâme assassin ! maintenant je te tiens. »

Et au même instant, je me sentis saisir avec une force gigantesque..... C'était Hermogène!

Je fus obligé d'appeler toute ma vigueur à mon aide pour me débarrasser de lui. Je voulus me sauver, mais il me saisit encore une fois par derrière, et se mit à mordre mon cou avec fureur. Plein de rage et de douleur, je luttai long-temps en vain avec lui. À la fin, je parvins à le repousser, et quand il revint à la charge je tirai mon couteau. Deux coups l'étendirent par terre. Ses plaintes retentirent dans le corridor où le combat nous avait entraînés.

Aussitôt que je vis tomber Hermogène, je m'élançai avec la promptitude de l'éclair jusqu'à l'escalier. Là j'entendis crier dans le château, au meurtre! à l'assassin! Des lumières se montrèrent çà et là, des pas retentirent dans les longs passages. Dans mon inquiétude, je m'étais égaré : j'avais pris un escalier dérobé. Les lumières et le bruit augmentaient de moment en moment dans le château. Les cris, au meurtre! semblaient partir à mes côtés. Je distinguai les voix du baron et de Reinhold qui parlaient avec force aux domestiques. Où fuir? où me cacher? Peu d'instans auparavant, quand j'avais formé le projet de tuer Euphémie avec ce même couteau qui avait donné la mort à Hermogène, je m'étais imaginé que, muni d'une pareille arme, je pouvais braver la terre entière réunie contre moi; mais, en ce moment, je me sentis saisi d'une terreur mortelle. A la fin pourtant j'arrivai sur le principal escalier. Le tumulte s'était dirigé vers l'appartement de la baronne. Le bruit diminua pour un moment. Je ne fis que trois sauts pour arriver en bas, et je n'étais plus qu'à quelques pas de la porte. Tout à coup un cri terrible, semblable à celui que j'avais entendu la nuit précédente, frappa mes oreilles. Elle est morte, me dis-je en moi-même, par le poison qu'elle m'avait destiné! Bientôt les lumières se firent voir de nouveau dans la chambre d'Euphémie. Aurélie appelait à grands cris au secours. Les mots, au meurtre! devinrent plus fréquens et plus terribles. On apporta le corps d'Hermogène. J'entendis Reinhold dire :

« Courez après l'assassin! »

Mais je fis un grand éclat d'un rire affreux qui ébranla les voûtes, et je m'écriai d'une voix terrible :

« Insensés! voulez-vous arrêter la destinée qui a puni des criminels ? »

Ils prêtèrent l'oreille et demeurèrent immobiles sur l'escalier. En ce moment, je renonçai à l'idée de fuir. Je voulais me présenter à eux et leur annoncer d'une voix de tonnerre que la vengeance divine était tombée sur les coupables; mais.... spectacle épouvantable!... devant moi.... devant mes yeux, je vis la figure sanglante de Victorin! Ce n'était pas moi, c'était lui qui avait prononcé ces paroles. L'effroi fit dresser mes cheveux sur ma tête, et, dans mon égarement, je m'élançai par la porte du château dans le parc. Au bout de quelques instans, je me trouvai en pleine campagne. J'entendis derrière moi des pas de chevaux, et comme je rassemblais mes forces pour éviter la poursuite, je heurtai une racine d'arbre et je tombai par terre. Quand je me relevai je vis les chevaux à côté de moi : c'était le chasseur de Victorin.

« Au nom de Dieu, M. le comte, me dit-il, qu'est-il donc arrivé au château? J'entends crier au meurtre, le village est déjà réveillé. Quoi qu'il en soit, un bon ange m'a inspiré l'idée de faire vos paquets et de venir jusqu'ici au devant de vous. Vous trouverez tout ce qu'il vous faut dans la valise qui est sur votre cheval, car nous serons sans doute obligés de nous séparer pour quelque temps; il est arrivé quelque chose de bien dangereux, n'est-il pas vrai, M. le comte? »

Je me remis, et m'étant jeté sur le cheval, je dis au chasseur de retourner à la petite ville et d'y attendre mes ordres. Aussitôt qu'il eut disparu dans l'obscurité, je descendis de nouveau de cheval, et, le prenant par la bride, je le conduisis avec précaution dans l'épaisse forêt de sapins que j'avais devant moi et dans laquelle je crus devoir m'enfoncer.

FIN DU TOME PREMIER.

www.ingramcontent.com/pod-product-compliance
Lightning Source LLC
LaVergne TN
LVHW012328100826
845148LV00017B/536

* 9 7 8 2 0 1 2 5 7 2 8 8 1 *